U0573723

赚钱的艺术

蔡澜

著

浙江人民出版社

图书在版编目（CIP）数据

赚钱的艺术 / 蔡澜著. —— 杭州 ：浙江人民出版社，
2024.5
ISBN 978-7-213-11377-2

Ⅰ. ①赚… Ⅱ. ①蔡… Ⅲ. ①财务管理 Ⅳ.
①F275

中国国家版本馆CIP数据核字 (2024) 第051483号

浙 江 省 版 权 局
著作权合同登记章
图字 : 11-2023-368 号

赚钱的艺术
ZHUANQIAN DE YISHU
蔡澜 著

出版发行：浙江人民出版社（杭州市体育场路 347 号 邮编：310006）
　　　　　市场部电话：（0571）85061682　85176516
责任编辑：尚　婧
策划编辑：陈世明　朱子叶
营销编辑：童　桦　杨谨瑞
责任校对：何培玉
责任印务：幸天骄
封面设计：天津北极光设计工作室
电脑制版：北京之江文化传媒有限公司
印　　刷：杭州丰源印刷有限公司
开　　本：880 毫米 ×1230 毫米　1/32　　印　　张：8
字　　数：145 千字　　　　　　　　　　插　　页：2
版　　次：2024 年 5 月第 1 版　　　　　印　　次：2024 年 5 月第 1 次印刷
书　　号：ISBN 978-7-213-11377-2
定　　价：48.00 元

如发现印装质量问题，影响阅读，请与市场部联系调换。

目　录
CONTENTS

金钱与商业

创作与写作

旅行与文化交流

艺术与创意

美食与生活

媒体与社交

金钱与商业

金钱重要吗？

问："金钱，重要吗？"

答："哈哈哈哈。"（干笑四声）

问："香港是不是一个以金钱挂帅的社会？"

答："英国商人舒狄克（大班）的后代，来到维多利亚港，闻了一闻，问他的手下，'这是什么味道？'。他的华人同事回答，'这是金钱的味道'。香港，是个'钱港'。"

问："道德，是不是比金钱重要？"

答："在香港，有二重、三重或四重的标准。有钱的人，娶四五个老婆，公开的，没人反对。像那位赌王，整天有他三姨太、四姨太的消息，大家都接受。像那位叫什么卿的女士，儿女成群，男友照样一个换了又一个，没有人说她淫贱。身边多几个女人，之所以被人骂'咸湿佬'（广东俚语，下流、猥琐的男人），是因为这个人的钱不够多。"

问："那么香港是一个笑贫不笑娼的社会了？"

答："贫也笑，娼也笑，香港人就是这样。"

问："高地价政策崩溃之前，有层楼的人都是百万富翁。当今这些都变成负资产了。"

答："小部分罢了。买来自己住，变成负资产，是可怜的。多买一家来炒，变成负资产，就不值得同情了。这就像买股票一样，愿赌服输，怎么救他们呢？"

问："那么大部分的香港人还是有钱的？"

答："有，银行的存款加起来还是数十亿港元。大部分的香港人花钱还是花得起的，关键是看花得值不值得而已。当今经济不景气，大家省一点，这体现香港人的应变能力。"

问："你认为香港还是有前途的吗？"

答："日本经济一衰退，就是十几年，日本人不也还是过得好好的吗？中国香港也遇过好景的时代，人们都存了点钱。日本人现在一直在吃老本，十几年没吃完，我们也在吃老本，才几年罢了，呱呱叫干什么？"

问："失业大军每天都在增加，不怕吗？"

答："失业率高过二十世纪五六十年代的香港了？当年捱了过来，香港人生存能力多强！比起当年，现在算得了什么？"

问："你没担心过？"

答："穷则变，变则通。做无牌小贩也好，做保安也好。现在几块钱就能吃一餐饱的。花园街上的衣服，也是几块钱一件。在香港，很少饿死人，也没听过有人冻死。"

问："你自己算是有钱人吗？"

答："那就要看'有钱'的定义是什么了！我只能说够用罢了，我的赚钱本领没有我的花钱本领高，买几件看得上眼的古玩，足够令我倾家荡产。"

问："你还没回答我，你看不看重金钱？"

答："年轻时，被一些书害了，认为钱不重要，要有情有义，有些赚钱的生意，给我做我也不想做。年纪大了，才知道钱有多好，但是太迟，现在什么钱都赚，连广告也接来拍。这么老了，还要抛头露面，牺牲'色相'，真丢人！"

问："你有没有算过你有多少钱？"

答："真正有钱的人，才不知道他有多少钱。我当然算过，但不是一个很清楚的数目。总之不多，刚才也说了，够用罢了。"

问："可不可以准确地为钱下一个定义？"

答："钱是好的，但是不能将它看得太重，当它是奴隶来使用。我从来不用钱包，把钞票往后裤袋一塞就是，有时会丢掉一些，也不可惜。因为塞在裤袋的钱，加起来也没多少。"

问："这是不是和你没有子女有关系？"

答："你说到了问题的核心。是的，我的朋友存钱都是以存给子女为借口，有下一代的和没有下一代的，对金钱的看法完全两样。至今，我没有后悔过。"

问："怕不怕有一天，忽然一点钱也没有？"

答："永远有这个担忧存在。如果社会制度健全，就没这种担忧。像日本，老人福利很好，看病不要钱，退休金也够养活余年。但是要靠福利，就不是福利了，人一定要活得愉快。活得不愉快，不如别活下去。我一向主张，要活就要活得一天比一天更好！"

问："你有钱，才说这种风凉话吧。"

答："我不知道说过多少次，这和金钱不能相提并论，活得一天比一天更好，是看你活得充不充实。多学一样东西，就多充实一点。记一记路旁的树，叫什么名字，是不要钱的。记多了就成专家了，成为专家就能赚钱。"

问："我完全听不进去，看你有一天，真正穷了，你能干些什么？"

答："到路边去替人家写挥春（春联）呀！"

问："字也要写得像样才行！"

答："之前你就要学呀！学书法花得了你多少钱？学了，生活就充实。生活充实，人就有信心。多学几样，每一样都是赚钱工具，不要等到要靠它吃饱才去学。"

赚钱

赚女人和小孩子的钱最容易。女人，卖给她们化妆品；小孩子，给他们吃糖。

每次带团，都有女人要求我和她们一起去资生堂买防皱膏、洁肤水。日本资生堂有几条化妆产品线是不卖到国外去的。女人一听别的地方没有，出手之阔，惊人也。

后来，该公司又推出一系列喷液和涂膏，用的是东方的香料，说嗅了之后会减轻压力，价格在三千二百日元到四千五百日元之间，并不贵，相信又会大捞一笔。

其他公司并不"执输"，连专门做牙膏的狮王也参与进来，推出香味丸，只要把一粒东西扔在玻璃水杯中，便会发出"嗞、嗞、嗞"的镇神声音，加上淡淡的颜色，产出浓郁的薰衣草、玫瑰、丁香等香味来镇神。

生产内衣的名厂华歌尔（Wacoal）也加入战圈，推出有香味和药草的裤袜，一双要卖四千八百日元到五千五百日元，是普通裤袜的一倍价钱。据说，穿后会消脚肿和减压。

是不是有治疗效用？有没有根据？日本大公司在信用问题上可不敢轻率，它的确是雇了京都大学的研究专员来做实验证明，并请国际交易会来检查，一点也不马虎。

原理在何处？多年前，一位友人拿了一对浸过草药的布鞋给我试穿，说穿了之后可消脚肿，要我帮他推向市场。没用过的东西我不敢乱推荐，忍耐着穿了几次。第一，它的卖相很丑。第二，药味很臭。但它果然有用，不过谁会去买呢？日本人在包装上是下重本的，功效减少不要紧，一定要不惹人反感。他研究了一大轮，推出了这个新产品。

三共药厂一向出产 Regain 饮料（功能饮料），从前的宣传字句是喝了一天可以工作二十四小时。新产品做成药丸，说能壮阳。一说到壮阳，很多男人买。赚男人的钱，和赚女人的钱一样容易。

生意经一

从前，认为"生意"这两个字，是肮脏的字眼。

现在自己做起生意来，觉得乐趣无穷，并不逊于艺术工作。其实做生意，也在不停地创作呀。

生意越做越好，就把这两个字慢慢分析。哎呀呀，这一分析可好，原来"生意"是"生"的"意识"，多么灵活，多么巧妙！

在别的地方，做生意不易；在香港，却是满地的机会，等你去拾。

不熟不做，这句话只对一半。不熟不做，不是叫你除了老本行，什么事都别去尝试。真正的意思，应该是对一样东西深切地了解之后才去做。

所以，要做生意的话，一定先成为专家才行。

张君默夫妇对玉石研究极深，现在卖起古玉来，头头是道，生意兴隆。

古镇煌卖古董表和钢笔等，也做得有声有色。

"这种高贵玩意儿，要看本钱才行呀！"有人说。

也不见得，举的例子都不是以本伤人的，而且属于半路出家。

不只是高档货，另一个朋友养金鱼，养久了当然能分辨出品种。他把金鱼繁殖当乐趣，使其生出了一只新品种的小娃娃，也发了财。

工字不出头，利用余暇做做小生意，略微动动脑筋，先把它当成副业，再发展下去也不迟。主要是抓紧时机，而且生意不做白不做。我一向主张机会像找对象，你上前去搭讪，成功率为五十对五十；你连打招呼都不敢，那只有痴痴地望着，成功率是零。

家庭主妇也可以做生意，朱牧先生太太的辣椒酱炮制功夫一流，用的是干贝丝、泰国小辣椒、虾子、大蒜、火腿等材料。请教她做法如何，她总是笑融融地说："你喜欢吃，做一罐给你好了，何必自己动手那么麻烦？"

这种辣椒酱后来渐渐流传于各个餐馆，被称为"XO 辣椒酱"，现在已让李锦记商品化，销路不错。不过，朱太太也不在乎这些，她在电影监督方面下功夫，照样行得通。

方任莎莉烧得一手好菜，现在谁不认识她？做个广告，钱照收。

湾仔码头的臧姑娘，白手起家，将产品打入每一家超级市场。

他们都是我佩服的人物。

做生意的过程也有不间断的乐趣，你还能认识许多有性格的人。

第一，注册商标。你会发现那个律师长得高大英俊，简直是做电影明星的料。

第二，设计商标。你会发现那个半商人半艺术家的家伙的脾气臭得很，但是他画出来的东西会让你对他又爱又恨。

第三，把设计样板拿去拍照片分色。你会发现哪一家的冲印技术最高。

第四，将分好色的菲林交给制罐厂。你会发现有位固执的中年人对印刷的要求比你还高。

第五，说明书和传单，既要清雅，又要能解释内容，不然人家拿到手即刻扔掉。你会发现，写这类文章的又是可爱的人。

第六，宣传。你会接触到报纸、杂志、电台、电视的各位做推销的美女。

第七，出路。摆在什么地方卖呢？你会遇见更多的人，条件一直谈下去，直到双方满意为止。

第八、第九、第十，种种说不完的阶段，走一步学一步，不尽的知识和智慧在等待你去获取。

开餐厅的友人也不少，成功的多数有创意，做人家未做过的菜色招呼客人。

不过，做餐馆容易出现人手问题。大厨子不听话起来，让人苦头吃尽。服务员的流动性，也令人头痛。

只要亲力亲为，问题还是能一一解决的。"大佛口食坊"的陈汤美，自幼爱打鱼，理所当然地开起海鲜馆子。他能亲自下厨是信心的保证，而且他拼命把新品种的海鲜给客人吃，这些都是成功的因素。

当然，失败的例子也不少，但是只要脚踏实地，起初小本经营，亏起本来，也无伤大雅，总比在股票上的损失来得轻、来得过瘾呀。

很多地方流行跳蚤市场，把自己做的东西、家中的旧货等等，统统拿出来卖。可惜香港地皮太贵，兴不起来，但也逐渐有些类似的场地出现。

星期天没事做，利用空闲，摆个地摊做小生意，和客人闲聊几句，比打麻将还要充实。

赚到了一点钱，买辆货车改装，将其作为流动的商店，去到哪里卖到哪里，想想都高兴。

"你自己做起生意来，就把生意说成生的意识。"友人取笑我说，"那么'商'字呢？'无奸不商'你又怎么解释？"

我懒洋洋地回答："'商'，商量也。'无奸不商'？那也要和你商量过，才'奸'你呀。"

生意经二

劳碌命作祟，总要找点事做。我也知道优哉游哉的乐趣，但是一面作乐，一面赚钱，满足感更胜一筹。

有风险的投资，已不是我在这个人生阶段应该付出的担忧，干点小生意，安安稳稳地得到一点点的回报，才是一条大道。但能做些什么呢？

想了又想，不如开个网店吧。

开网店的好处在于不必付贵租，对香港人来说，这是一大喜事也。

怎么开，很容易，有个地方，叫淘宝。事前先做好功课，飞去杭州，参观淘宝的总部，奇大无比，简直是一个王国。截至二〇一三年，淘宝网站拥有五亿的注册用户数，每天有六千万人次的固定访客，在线商品超过八亿件，单日交易额达四十三亿八千万元，而且这些数字每天还在增加。

在与淘宝高层的会议中，我得知：第一，商品必须有独特的个性，方能突围；第二，如果商品的背后有个故事，商品就更能引起访客的兴趣；第三，尽量在各个平台发布宣传，以引起访客注意。

回来一想，这些条件，我是具有的。

但说起来容易，怎么实行呢？一件商品，卖得好的话，就得趁热打铁，囤很多货发售；但潮流一过，如果没卖，那怎么办才好？银行界的友人常告诉我，很多生意，越做越大，资金不够就来银行借钱。结果失败的，都是因为存货太多而还不了银行的借款。

做任何一件事，都得学习，吸取前人失败的教训，尽量避免。这么一来，就会发现失败的例子比成功的多，就有越来越多的顾虑，这又令人裹足不前了。

我老是说：做，成功的机会是五十对五十；不做，机会是零。会教别人，自己呢？

做呀！就大胆地开了一家网店，找设计师做个标志，最后我还是用了苏美璐的插图，做了一个叫"蔡澜花花世界"的网站。

最初尝试卖茶、卖酱，这符合了第一个条件：商品必须有独特的个性。我把我如何发展出这些产品的经历娓娓道来，算是符合了第二个条件：要有故事性。至于第三个条件——商品推广，我在微博，通过回答各位网友问题、每天刊登我的一篇散文等等，至今累积了千万粉丝——比香港人口多，可以借这个渠道，积极地推广。

客人来自五湖四海，我必须有一个团队。若商品在运输时产生什么问题，团队即能一一解答及安顿顾客。好在发货方面，有一家很有信用的公司，叫顺丰，很少出差错。

团队的组织和基地的租金等等，都得靠经济支持。这时，我在旅行团中认识了一位既热心又能信得过的好朋友刘绚强先生。他也是我的知己会会长，本身做高级印刷，在内地有工厂，对我的小生意方案有兴趣，愿意协助，也就水到渠成地成为我的合作伙伴了。

本名为"暴暴茶"的茶叶，我一向认为名字太过强烈，当今改为"抱抱茶"，加上"蔡澜咸鱼酱"和其他酱料，即做即卖光，这是一种小尝试。今后的产品，必须是季节性和长期性的，我决定从三方面着手：端午的粽子、中秋的月饼和春节的年糕。我将其命名为"童年记忆的美食"系列。

产品都得事前预售，否则做得太多，又会有卖不完的风险。虽说现在还早，但当务之急，是怎么做年糕。

十几年前，我收到广东省中山市三乡镇的年糕，一打开盒子，竟然有人头那么大。这个年糕，的确让人震撼，也唤起我小孩时吃到的回忆，那时的年糕是那么大的。

我即刻赶去中山市，寻找为我制作年糕的忠师傅。忠师傅与我结交多年，对食物的制作态度严谨，既有一份很顽固的执着，又坚持做原汁原味的东西，和我的理念是一致的。

广东省中山市三乡镇种满了香蕉，我首先看到的是一望无际的香蕉园，这是包裹年糕的最原始材料。采取大片的香蕉叶，先洗净及高温处理，排除一切杂质以及杀菌，方能使用。

接下来是选最好的糯米，磨好后晒干，成为糯米粉，再加最原始的蔗糖——高温下淋在糯米粉中，反复搓揉，以新鲜的香蕉叶包裹，最后放进巨大的蒸炉中蒸出来。这时的年糕呈浅褐色，这是砂糖的原色，不加任何人工色素。

制成品真空包装，再装入坚硬的纸盒，在运输过程中不会撞坏。香蕉叶本身有防腐作用。年糕送到客人手中，不必放进冰箱，摆放十几二十天不会变坏。在摆放过程中，即使表面发出霉菌，只要用湿纸抹去，便可放心食用。这时的年糕可以切片，煎来吃。再不放心，可以把表面那层切掉，一定没有问题。

依足妈妈的做法，喂了蛋浆再煎，味道更香、更妙。加一点油也可，不加无妨，年糕本身有油，不会粘锅。真空包装放进雪柜，更可以保存几个月以上，肚子一饿就煎一片来吃，好过方便面。

年糕重量三千二百五十克。

事前功夫准备好，客户一下订单，我方才制作。一是保证新鲜，二是我不希望因为囤货而亏了老本。一切资料将放在"蔡澜花花世界"淘宝网上，各位若有兴趣，多多帮衬，谢谢大家。

玩生意

问："你又卖茶，又卖酱料，算不算是一个生意人？"

答："基本上，人人都是一个生意人。"

问："这话怎么说？"

答："凡是牵涉到钱，就是生意。"

问："作家和艺术家，是生意人吗？"

答："作家卖稿，艺术家卖字、卖画、卖雕塑，也是生意。我的篆刻老师冯康侯先生，生前告诉过我，他开书画展的时候，和过年在维园开档子卖花差不多。他说有时来个买家，还要向他解释这是精心作品，和介绍这种水仙有多香的道理完全相同。"

问："做生意有乐趣吗？"

答："（笑）赚到钱就有。"

问："为什么古人那么不喜欢生意人？"

答："历史靠文字记载，写东西的人多数赚不到钱，所以看到富有的商人就眼红，骂他们俗气，其实有些生意人也很有学问，像扬州八怪之所以受重视，完全是因为盐商买他们的字画吹捧而引起的。"

问："你从前为什么没有做过小买卖？"

答："我从前在大电影公司做事，对做生意不感兴趣。因为薪水很高，高到我认为不是工字不出头。有很多做生意的朋友叫我投资，我都付之一笑。第一，我受书本影响，认为做生意显得不够清高；第二，我小时候常听到长辈说，做了生意，被人吃掉，所以对做生意有点戒心；第三，也是最大原因，就是我不会，做生意是一门很高深的学问。"

问："后来为什么做了？"

答："完全是为了茶。"

问："茶？"

答："有一个上司的朋友，开了一间新派茶行，知道我会喝茶，就叫我去给意见。我说卖的龙井、铁观音一类，都是别人的东西，要有一种自己的茶，才是品位。"

问："什么是自己的茶？"

答："这个人也这么问。我说味道和做法跟别人不一样的，就是自己的。举一个例，台湾地区的人喝普洱，因为普洱是全发酵，放久了，有霉味，加玫瑰花就可以解掉，普洱本身消脂肪，再喷上解酒的药，既好喝又有功效，就可以当成自己的茶。"

问："这个方法不错，后来呢？"

答："后来这个开茶行的人认为这个主意太低端了。我气不过，就自己把茶当成商品卖，结果开始了我的生意生涯。"

问："赚到钱了吗？"

答："不赚钱我怎么会想做其他生意？"

问："那么从前劝你投资的朋友有没有笑你？"

答："他们当然笑我。做了生意之后，我对生意这两个字有了新的解释，我说生意者，生之意识也。活生生的主意，多么厉害！"

问："那么奸商呢？"

答："做生意不是用枪指着你的。商者，商量也，愿者上钩，和你商量之后才'奸'你的。"

问："香港的社会，都崇拜商人，你认为这是好现象吗？"

答："崇拜的都是成功的商人。那些失败的，为什么不借鉴？人人都做生意。打的也是经济战，不伤人命，比较文明。崇拜商人，没什么不好，欣赏他们，层次较高。"

问："你认为香港成功的商人，值得我们学习吗？"

答："应该学习他们的奋斗，但是不应该学习他们的生活方式。海外的成功商人，在致富的过程之中，也得到文化，所以纽约的很多犹太商人家里都有名画，或者他们也会搞一些环保活动。香港的商人，拥有最多的是游艇，私人飞机、直升机也舍不得买。"

问："当今做一个成功的商人，有什么走向？"

答："最流行的是捐钱了。西方由比尔·盖茨（Bill Gates）带头，捐了很多。邵逸夫爵士捐得比盖茨早。美国人对过去商人的评价是，有的人一生捐助很多歌剧院等文化事业，他是值得后人尊敬的；而有的人一毛不拔，虽然有几百亿身家，但后人看不起。反正是带不走的，不如捐掉。"

问："你会把钱捐出来吗？"

答："等我赚多一些。大家都这么说，不过我想我一定会。"

问："你算是一个成功的商人吗？"

答："不算，也永远做不了。成功的商人，在做生意过程中会有些出卖同伴的事。是什么，只有他们自己知道。我下不了手，所以做不了成功的商人。"

问："那你还做干什么？"

答："证明自己的想法没有错呀！"

问："那么失败了怎么办？"

答："所做的投资，都是我的经济许可的数目，不会伤到老本。我这个年龄，已过了冒险的阶段，年轻人可以试试看。我不能试，我一定要看准，虽然这么说，但还是看不准的例子比较多。"

问："这简直不是在做生意。"

答："讲得对,我不是在做生意,是在玩生意。"

开心生意

某年的农历新年,我们和旅行团的诸位朋友到日本金泽去泡温泉。

在经济泡沫未破裂之前,金泽是一个很秘密的度假胜地,有无微不至的旅馆服务和数不尽的美食。但其价格并非每个人负担得起的,只有一小撮熟客偷偷笑着去享受。

"千万别告诉人家!"他们说,"不然游客一多,就没有情调了。"

现在美元、港元一强,什么门都打得开。

我们做的旅行团,起初没经验,常有亏损,后来渐渐有点钱赚,这也是应该的。至于钟伟民说的赚得多,也并不见得。总之够消费,大家开心就是,星港旅行社的老板徐胜鹤先生和我,都不是靠美食团起家的人。

团友之中,很多是花得起的,一两万港元的团费算不了什么。但精打细算的也不少,还有些会计师,拿了一个计算器,每到一处,拼命向旅馆和餐厅打听价钱,连巴士司机也不放过,用英语兼手语问一天租金多少。

飞机票是有数的，他们把计算器左按右按，得出来的结果是："蔡先生，我帮你算了一下，没钱赚！不过我们自己来，还要比团费贵，又得不到那么好的服务。"

亏本生意怎么做？钱当然有得赚。我们已经成为一股"黑势力"，跟日本人说："你要我们再来，就得算便宜一点。"

有时，算得再精，日元汇率忽然一高，入息也就泡了汤。我们向团友诉苦，他们说："如果日元汇率低了，也不见得会给我们减价。"

哈哈，徐先生和我就是这副德性，这次的农历年本来由一万日元兑七百多港元变成一万日元兑六百多港元，我们在汇率上赚的钱，回馈给团友。又如何！

出发那天，在赤鱲角，徐先生把差额装进一个画着美女浴作品的红包袋，每位一包，大家开心。做开心生意，已经有得赚了。

满足

我们这次住在日本仙台附近的旅馆，团友一走进来就感到它的气派，浸了温泉、吃过饭之后，更叹物有所值。

旅馆中有好几个出浴的地方，当天泡了一处，睡一晚，第二天黎明再去另一个池子泡。能够早起的团友，多数是上了年纪的，像我一样，不必多睡。从温泉走出来，旅馆的大厅已摆好一摊摊的卖档，挂了一面旗，旗上写着"朝市"两个字。

这里卖的是当地的土产，比如仙台著名牛舌头和蒲矛。前者大家都知道是什么，蒲矛原来是鱼饼，日本人喜欢将它蘸着山葵酱一起吃。

"你是不是那位电视上的中国香港人？"小贩认出了我，说，"在《料理铁人》那个节目中，你当评审，说的话一针见血。"

高帽一戴，我停下来看看他的货物。

一包包的黑糖，像小孩子玩的石块，这是蔗糖最原始的形状。我已经很久没看过了。小贩不管我买不买，即刻拆了一包包装精美的黑糖，拿出一块让我试试。

进口。想起儿时穷困的日子，哪有什么瑞士糖？能够有块像糖的，就捡来吃，虽不是什么天下美味，但也吃得很感动。

一群赶着上路的客人出现，大家争先恐后地购买。

小贩解释："我们都是旅馆员工的亲戚，店主让我们在大堂摆摊，赚点外快。"

"一个早上，能做多少生意？"我问。

"普通日子卖三十万日元，礼拜六、礼拜天能卖六十万日元左右。"他回答。

心算一下，是两万到四万港元，扣除车钱，至少应赚一半，也有一万到两万港元的盈利。

小贩知道我在想什么，笑说："大家分，也没多少。不过我们乡下人，已经很满足。"

是的，满足最要紧，城市人不懂。

玩出版

疫情期间，我视瘟疫为敌，它来势汹汹，怎么打这场仗？

我们不是科学家，发明不了疫苗对抗，但也不能坐以待毙，总得还手。最大的复仇，莫过于创作。每天做一些事，日子不会白白浪费。一浪费，魔头就赢了，我们如果能找些有意义的事来消磨时间，就更有意思。

在这段时间，我用写书法、烹调、制作酱料来对付，当然也包括阅读、看电影、看电视剧等等。玩得不亦乐乎时，疫魔一步步退却。

最新型的武器，是玩出版了。

我虽然还继续写，新书不断出版，但还有一个区域未涉及，那就是翻译。我以前的文章被翻译成日文和韩文，未译的是英文。

我一直有这个心愿，当今来完成，最适宜不过。但过往经验告诉我，文字一被翻译，怎么样都会失去味道，翻译是最难表现的一门功夫。

在这段时间，我想了又想，还是不靠别人来翻译，用自己的文字来写最传神。我的英文并不好，可以应付日常会话而已。多年来，我看了不少英文小说，多多少少学了一点英文写作方法，但当然也永远不会比将英文作为母语的人强。

不要紧，那么写就是了。

我的干女儿阿明，从小在父母生活的苏格兰小岛长大，没机会接触到中文。我的书她从来没有看过，也不会了解我这个干爹是做什么的。我要用我粗糙的英文来讲故事给她听，也希望其他不懂中文的友人能够读到。

就此而已。

我把这个原意告诉了她母亲，我数十年来合作的插图师苏美璐也认为这是一个好主意。她建议由住在同一个小岛上的一位女作家贾尼丝·阿姆斯特朗（Janice Armstrong）来润饰，我翻译过她写的《爱生气的老水手》（*The Grumpy Old Sailor*），相信这次也能合作得愉快。

我也写了电邮给我的老朋友俞志刚先生，他是英文书出版界的老前辈，请教他的意见。俞先生起初以为我想用英文介绍餐厅和美食，认为应该有销路，并推荐了一些出版社给我，建议我可以先印一千本试试看。

在回复电邮时，我说在这个阶段，名与利已淡然，如果再要去求出版社一定限制诸多，我还是采用 Kindle（亚马逊电子书阅读器）的自助出版方式自由度较大。

当今这种简称为 KDP 的 Kindle Direct Publishing（亚马逊电子书自助出版平台）已很普通，中文书的出版尚未成熟，但英文书已有一条健康的途径，在网上一查，便会出现各种介绍，Facebook（脸书）上更有有经验者仔细地把整个过程讲解给你听。

不过鸡还没生蛋，想这些干什么？

第一步一定要把内容组织起来，最初的文章得借助老友成龙了，我把他在南斯拉夫拍戏受伤的过程用英文描述，以引起读者的兴趣。人家不认识蔡澜，但知道成龙是谁。

接下来是在韩国拍戏时的种种趣事，和我早年旅行的经验，我一一写下来。

我每天花上四五个小时做这件事，每写完一篇就传给苏美璐，再由她交给贾尼丝·阿姆斯特朗去修改。

有时一些浅白的记载她也来问个清楚，我就知道这是西方人不可接受的描述，就干脆整段删掉，一点也不觉得可惜。就像监制电影时，我把拖泥带水的剧情一刀剪了，导演因为花了心血，一定反对。但我的文章，我自己不反对就是，一点也不惋惜，反正其他内容够丰富。

贾尼丝一篇篇读完，追着问我还有没有新的，我听到了心才开始安定了下来。

有了内容，才可以重新考虑出版的问题，俞志刚先生来电邮说，在过往十年中，英文书的出版市场已被五大集团吞并，分别为哈珀柯林斯（HarperCollins）、企鹅（Penguin）、麦克米伦（Macmillan）和贝塔斯曼（Bertelsmann），最后加上法国的阿歇特（Hachette）。不过，还有些国际出版的小公司。假设我找到一家英国的，再包一千本的销售量，合作的可能性就大了。

他还说如果有第一本样板，我不妨考虑去法兰克福，那里每年都有一个盛会，其间大小出版商云集，商谈版权转让、合作出版、地区发行等等，如果参与的话，一定有所斩获。

要是没有疫情的话，也许我会去走走，我的老友潘国驹的教科书出版集团每年都出席，跟他去玩玩也是开眼界的事，但疫情下还不知道什么时候可以旅行，这个构想太过遥远了。

目前要做的是一心一意把内容搞好，在 KDP 上尝试也不一定实际，不如请我生意上的拍档刘绚强兄帮忙，他拥有一个强力的印刷集团，单单一本书也可以印得精美，等到内容够丰富时，可请他印一两百本送朋友，心愿已达，不想那么多了。

商业概念

活生生的毛蟹，带回香港可能中途死亡，还是蒸熟冷冻的放心，解冰后当潮州冻蟹吃。阿拉斯加蟹只吃它的脚，身无肉无膏。脚很长，分红颜色煮熟的和紫颜色未煮的，前者和毛蟹一样解冰后食，后者则适合斩成一段一段吃火锅或放在炭炉上烤。价钱不贵。

冷冻带籽的也很便宜，一公斤两百港元，解冰后可以当刺身吃。其他海产应有尽有。

上飞机之前，我们总带团友去北海道渔业联盟的直销店去买。这个地方没有特别的关系不能进入，因为这里是半官方的机构，价最实，东西保证新鲜，最大好处是店里不管大包小包，都用发泡胶箱为客人装好，可以邮寄，带出国也不必手提。

有些人将整条鲑鱼买回去。我不赞同，片肉时相当麻烦，而且好吃的部分不多，推荐团友买鲑鱼肚腩的那条边。这种日本人本来丢掉的东西最肥了，煎来吃时不必加油，油自然流出，又不太咸，味甘美。日文叫"Harasu"（腹筋），一公斤才九百日元。六十港元就能买到七八条大肥膏，可分几次来送酒。

北海道渔业联盟也很会做生意，出入口处有几个电水煲，免费放两罐昆布菜，客人舀一茶匙海带粉末，加热水，就是一杯很可口的饮料，在寒冷的冬天尤其需要用来暖腹。

大家还喜欢买的是一种叫帆立贝熏油渍的东西，原来是把江瑶柱蒸熟再烟熏，每一粒都肥肥胖胖，独立包装，随时拆开来吃。在香港，人们嫌名字太长，称其为瑶柱糖。

我最反对赶鸭子式的强迫购买，但这个地方是众人爱去的，我也就带队前往。有这么多生意做，向北海道渔业联盟要求打个折扣给团友，他们回答说已经那么便宜了。

整个地方有四五百平方米，占地不大，将它搬来香港，是个很好的商业概念。

长不大的商人

从前，一切循规蹈矩，事业成功有一定的方程式。这种沉闷的局面，终于在二十世纪七十年代被嬉皮士打破。当今主掌各种行业的巨子，多数是这些长不大的商人。

最明显的一个例子就是，他们放荡不羁，一切反其道而行之，不把自己当成老板，而是把自己当成客人，博得消费者的欢心。

你如果去好莱坞谈生意，就会发现片厂的头头，他们很多蓄长发，留胡子，身穿牛仔裤，似乎工人多过老板。当然，他们领奖时西装笔挺。

出名的建筑师、服装设计师、美容师和餐厅老板，更有各自独特的想法，与众不同，才能出人头地。

这群人有一个共同点，那就是他们看书多，喜欢历史，明白过去的人是怎么失败的、自由是多么可贵，以及如何坦诚地交朋友。

二十世纪七十年代的嬉皮士，因为反对大企业的垄断和父母的控制，离家出走，到处流浪。在外面得到的知识，令他们热爱生命，努力学习，头脑灵活了起来。

这种精神是由二十世纪六十年代的疲惫一代培养的，那群愤怒青年反抗制度，到处旅行，产生了不少出色的作者和音乐家。多谈他们的著作，不无好处。

追溯回去，疲惫一代的老祖先，是思想自由奔放、整天吟诗歌唱的波希米亚人。波希米亚这个地方当今在地图上已经看不到了，应该在捷克境内。因为不善经营，他们才沦落到现在这个地步。疲惫一代觉察到，到了嬉皮年代，人们骤醒过来，做生意去也。

嬉皮士也分两种：一种是搏命，成为巨富；另一种是安于平凡，但为了生存非做一点事不可，找到一个地方落脚后，开间咖啡室或精品店，卖很有品位的东西，也可终老。这个现象出现于西班牙的伊维萨岛（Ibiza）和印度的果阿（Goa），当今的人称之为嬉皮士的坟墓。

物极必反，嬉皮士的子女看不惯父母的长头发，于是自己将头发剪短起来，生活有了规律，当平凡的白领。但双亲的教导也不是没用的，他们的思想较为开放，也知道想成功要付出努力的代价，大家争取，结果社会繁荣，促进二十世纪八九十年代的经济起飞。

有了钱，附庸风雅，学到了一些皮毛，就自创后现代主义之类的莫名其妙的东西。这群人自称雅皮士，生活还是枯燥无聊的，因为他们在文化上的根并没有扎稳。

从二十世纪九十年代起到二十一世纪初，经济泡沫破裂，雅皮士的资产变成负的，因为他们没有经过嬉皮父母的苦行僧式的旅行，学不到东西。他们自己出门，专选安全的大酒店住，去的也是受保护的观光点，毫不冒险，学不到变通，也拉不下脸来做更低等的工作。

雅皮士的子女更可怜，在温室中成长，变得好吃懒做，什么苦都不会吃，只打电子游戏，拼命嚷着社会对他们不公平，最后只有成为"双失青年"（失学和失业的年轻人）了。

人在社会中活着，必然要钱。身份和尊重由此而来，这是不变的道理。我们不必争拗，也绝对不能扮清高。嫌铜臭的人，已经可以被摆进博物馆当古董了。

但是，人格应该是有的。这是波希米亚人遗留下的教训。为了钱，鞠躬作揖，像一只狗那样跟着上司，作强笑状，说肉麻的恭维话，人格丧失。

气焰也应该是有的，但应该是内藏的，不应表露。年轻人没有了气焰就像老人，他们只有把愤怒化为力量，才能学到嬉皮精神。

不懂这个道理的年轻人，一旦得到小小的权力，就会对下属呼呼喝喝，拿着鸡毛当令箭，到处伤人。在香港的社会中，这种所谓的女强人屡见不鲜。不过也不必生气，终有报应，她们一定会成为孤独的老太婆，或看她们的子女会用她们教的欺负别人的方法欺负回父母。

学习了嬉皮士的精神，如果在一个大机构做事不如意，那么出来创业好了。谨记别随波逐流，要做一般常人不敢做的事。

怎么开始？其实很简单，嬉皮士的教导就是把一切简单化，不管在处理事业上还是感情上。A君或B君，爱哪一个才好？烦恼就来了。选了A君，不后悔，没烦恼。

创业就创业，别三心二意，失败了也不后悔，重新来过。选大家都喜欢但传统人士不接受的事去做好了。

举一个例子，一般餐厅都不准带宠物进去，而爱猫狗的人众多，你就开一家狗餐厅好了。

狗餐厅已有人做，太迟了，那么想别的主意。众人不敢吃胆固醇高的食物，你就开一家专吃猪油的店，总有人爱吃，你会发现这一个所谓的狭小市场，其实是一个很大的市场。全香港有百分之一就好了，也就是七万个客人，嬉皮士没教你贪心。

但是，有人说过，主意不值钱，要多少都有；值钱的在于你实不实行。我也常说：做，机会五十对五十；不做，机会是零。看见一个美女走过来，够胆和她说话，有一半机会她会答应和你喝杯咖啡。不敢出声，只能眼睁睁看她走过。

最重要的，还是有一颗童心。抱着如小孩子般轻松的态度去面世，总比大人严肃地处理好得多。

童真主要在于那个"真"字，对人坦诚。只要基础打得好，刻苦耐劳，没什么事能难倒你。

做一个长不大的商人，永远有得赚，而且是欢乐的。

开间什么餐厅？

开间什么餐厅？不如来间国际性的，卖些什么才好呢？

每一个国家都有自己的美食，但是你们吃得惯的，并非我所喜。要找出一个共同点，就是从诸多的菜式淘汰出来，剩下的只有十几二十道，但都会被大家接受。

像香港最地道的云吞面，你去任何地方的酒店，半夜叫东西来房间吃，都有这一道汤面。当然，在西方，更普遍的是三明治和意大利面。

咖喱饭也很受欢迎，在胃口不好时，它是恩物。不过，一般人喜爱的还是海南鸡饭，不然来碗叻沙也很不错。

最好，当然是越南河粉了。

但是，酒店里房间服务提供的饭菜永远不好吃。为什么？做得不正宗呀！当地师傅可能没出过门，也不知道什么叫沙爹或印度尼西亚炒饭，反正总厨叫什么就是什么，流水作业罢了。

要做得出色，必须有一个真正了解各国饮食文化的人来做质量管理。每一道菜，用的是什么食材，不能马虎，连酱米油盐，都得从原产地运来，不这么一点一滴坚持，就走味了。

持有一个原则，那就是连原产地的人来吃，也觉得好。

先从云吞面说起，云吞不可太大，也不能尽是虾，猪肉的肥瘦要恰到好处，面条要选最高质量的爽脆银丝面，汤底要够浓，大地鱼味不可缺少。

用最原始的"细蓉"方式上桌，碗不太大，面小小一箸，云吞数粒垫底，加支调羹，让面浮在碗上。分量宁愿少，价钱卖得便宜也不要紧，客人吃不够可叫两碗，利润更高。

延伸下去，再卖虾子捞面。用上等虾子，也花不了太多本钱，撒满面面可也。又有牛腩，采取带肉皮的"坑腩"部分，煲至最软熟为止。

三明治的蛋、芝士或火腿，除了选上等货，分量还要多得溢出来，让客人有一个不欺场的感觉。那么小的一块面包，包的食材不可能很多，但要给足。

意大利面当然要用意大利的，按照说明书上的时间去煮，不能迁就吃不惯的客人而弄得太软。意大利人吃硬的面，就要做硬的，西红柿酱、芝士、橄榄油和老醋，都要从原产地进口。

海南鸡饭不可用冰鲜或冷冻鸡，要当天屠宰的，不然一看到骨髓黑色，即穿帮。鸡煮后，把鸡油和汤拿去炊饭，不可太软熟，要每一粒饭都见光泽。保持不去骨的传统，客人不在乎啃它一啃。浓酱油，以及用鸡油爆制的辣椒酱和生姜磨出来的蓉，都要按当地规矩去做。

叻沙分两种：新加坡式的和槟城式的。前者一定要加鲜蚶，椰浆要生磨，不可用罐头的；后者必用槟城虾头膏，酸子、菠萝和香叶不能缺少。

越南河粉的汤底最重要，尽用牛骨熬是不行的，要加鸡骨才够甜。洋葱和香料要大量，这是专门的学问，秘方可参考墨尔本的"勇记"。

咖喱则采取日式的。这么多年来，他们把咖喱粉研究得出神入化。咖喱不是太辣，嗜辣者可另加，用上等的神户牛肉当料。

说到牛肉，其实了解了货源，成本并非很高，客人要吃牛肉，为什么不给他们最好的？

至于日本米，虽然价钱比其他米贵，但白饭能吃多少？应该用炊出来肥肥胖胖且每一粒都站着的。

用来做寿司也好，用最新鲜鱼虾铺满的散寿司（Chirashi Sushi）。

还供应多款送饭小菜，成本贵的可以卖，便宜的奉送好了，像蒜、葱。更有多种下酒的零食：沙爹、串烧（Yakitori）、罗惹、春卷、虾片等等。

一般，老板都把利润打得高，但是如果把一部分利润花在食材上面，让客人满足，纯利也不会减少。

餐厅内部，干净、大方、光猛是最重要的，不必把钱花在无聊的豪华的装修上面，桌面可以做成长形的，像伦敦的拉面道（Wagamama）或国泰的商务舱候机楼那种设计。

桌面可改为大理石的，不必太厚，把灯藏入，光源从下面射上，非常柔和。大理石材用云南产的，成本不会太高。

每一张长桌前面或后面站着一位服务员，下单后，他们会仔细观察客人的需要，用无线通话关照厨房人员奉上。

厨房方面，食材越是高级，要求的厨技越少，把处理的次序用照片拍下，钉在墙上，不会弄乱。

主要是质量控制，不合格的不能上桌。久而久之，年轻人操练熟了，就不必受师傅的气了。

进货的人要是高手，分量算准了就不浪费。一份东西用多少斤菜和肉，才不会流失。

研究了多年开餐厅，认为"平、靓、正"三个字是永远不会错的。缺少其中一字，毛病就会跑出来，像贵货要卖贵价，以为理所当然，但也有客人吃不起的风险。东西好，价钱意外地便宜，才是正途。

哪怕一切计算完善，还是有风险。做任何生意都有风险，但不做是不知道的。

赚电影钱

　　和小朋友聊天，她担心地问："疫情期间受影响最大的行业是旅游和饮食，这些都和你的收入有关，要不要紧？"

　　我哈哈大笑："除了这两行，我还有别的呀，像卖茶叶和小食。"

　　"你为什么做那么多？"她问。

　　"小时候听妈妈教导：狡兔三窟，别靠单项入息。妈妈说的没错。"我说。

　　"老人家也说不熟不做，你怎么够胆？"她问。

　　"不熟不做，说得对。所以要从兴趣入门，兴趣越浓，研究越多，最后变成专家，就可以做小小的投资，首先要从培养兴趣开始。"我说。

　　"我也行吗？"她问。

　　"行。"我说，"你有没有兴趣和嗜好？"

　　小朋友想了大半天："我……我只喜欢看电影。"

　　"看电影也能赚钱呀！"我说。

　　"赚电影钱？"她大叫，"你开我的玩笑吧？"

　　"绝对没有。"我严肃地说。

"当演员？做副导演？买卖 DVD？"她问。

"收集旧东西，就可以赚钱。"我说。

"我没那么多资金买古董。"小朋友说。

"像收集邮票、铜币、香烟纸盒、明信片等，都不需要很多钱，但需要恒心和热爱。"我说，"电影的任何宣传品，像老海报、剧照等，都能卖钱。"

"一张海报能卖得了多少？"她问。

"一九四二年公映的《卡萨布兰卡》的海报，全世界仅存三张，可以卖到八万到十万美元。"我说。

"哇！"小朋友叫了出来，但想了一想，即刻说道，"可以大量翻印呀！"

"这就是成为专家的好处。"我说，"刚开始的时候，像收集许多别的东西一样，会受骗的，但是当它是交学费好了。久而久之，就知道什么是真的，什么是假的。很高明的赝品，再过几十年，也值钱。"

"定价用什么来当标准？"她问。

"用佳士得和苏富比的拍卖价来做标准最正确。"我说，"在一九九一年，一张一九三三年制作的《金刚》海报拍到五十一万美元；在一九九七年，一张一九三二年制作的《木乃伊》海报拍到四十五万美元。收几年再拍卖，又是高峰。"

"那些都是老古董了，近年来的海报呢？我们年轻人也只能接触到现代的。"她问。

"中间一点的，像《教父》的海报，可卖到四百至六百美元，《现代启示录》的海报也是同样价钱，更近的《沉默的羔羊》的海报只能卖八十至一百美元。刚上映的要等十几二十年才有人买，但任何东西都是一样的，藏久了就有价值。"我说。

"马上能赚的呢？"她问。

"如果你可以找到一张《角斗士》的海报，可卖十五到二十美元。"我说。

"你说的都是美国片！"她说。

"不。特吕弗（Truffaut）的《祖与占》的海报就可以卖八百到一千美元。"我说。

"美国片在外国上映的海报呢？"她问。

"日文版的《教父》海报，可卖二百至三百美元。"我说。

"卖座片集的海报呢？"她问。

"《007》第一部的海报可以卖到一千六百美元左右。《007之金手指》的海报既难找又精美，可卖二千五到三千美元。要是你从第一部到最后一部集齐整套海报，价钱是一个巨大的数字。《星球大战》虽然只有几部，但是海报集全了也值钱。"我说。

"那么香港片海报呢？"她又问。

"纽约有一家叫 Posteritari 的公司，专买海报，我们现在就打电话去问问。"我说。

电话接通。我问："我有一张李小龙的《猛龙过江》海报，可以卖多少钱？"

"看海报的状况，最高可以卖一千美元。"对方回答。

"什么叫'状况'？"小朋友问。

"海报通常跟着拷贝走，首轮放映过，折叠起来，送到二轮三轮的戏院，有折纹和钉洞，专家会替你裱装和修补，等于我们中国字画的托底。一修补，这张海报就变成 B 级，A 级的是完美的原型，A 减是没经修补，但状态有一点点残缺，其他都是 B 级。"我说。

"怎么看得出是修补过的？"她问。

"把海报张开，对着阳光，就能看出破绽。"我解释，"有个好消息，海报自从值钱，由一九九〇年开始就不再折叠了，卷起来搬运。"

"修补费怎么算？"她问。

"最普通的值四十至五十美元，修补是按时间计算的，每个小时三十三美元。"我说。

"你可以给我一些联络方式吗？"她问。

"当今都是网上通信了，修补公司叫 Bags Unlimited。海报交易会每年都举行。希望你以此赚钱，祝你好运。"我说。

"任性"这两个字

从小，我就任性，就不听话。家中挂着一幅刘海粟的《六牛图》，两头大牛，带着四头小的。爸爸跟我说："那两头老牛是我和你们的妈妈，带着的四头小的之中，那只看不到头只见屁股的，就是你了。"

现在想起，家父语气中带着担忧，心中约略地想着，这孩子那么不合群，以后的命运不知何去何从。

感谢老天爷，我一生得以周围的人照顾，活至今，垂垂老矣，也无风无浪。这应该拜赐双亲，一直对别人好，得到的好报。

我喜欢电影，有一部叫《红粉忠魂未了情》（*From Here to Eternity*），国内译名为《乱世忠魂》，男女主角在海滩上接吻的戏早已忘记，记得的是配角弗朗西斯·西纳特拉（Francis Sinatra）不听命令被关牢里，被满脸横肉的狱长欧内斯特·博格宁（Ernest Borgnine）提起警棍打的戏。如果我被抓去当兵，又不听话，那么一定会被这种人打死。好在到了当兵年纪，邵逸夫先生的哥哥邵仁枚先生托政府的关系，把我保了出来，不然一定没命。

读了多所学校，从不听话，好在我母亲是校长，和每一所学校的校长都熟悉，才一所换一所地读下去，但始终也没毕业过。

　　任性也不是完全没有理由，只是不服。不服的是为什么数学不及格就不能升班？我就是偏偏不喜欢这一门东西，学些几何、代数来干什么？那时候我已知道有一天一定会发明一个工具，一算就能计出，后来果然有了计算尺，也证实我没错。

　　我的文科样样有优秀的成绩，英文更是一流，但也阻止了我升级。不喜欢数学还有一个理由，那就是教数学的是一个肥胖的八婆，面孔讨厌，语言枯燥，这种人怎么当得了老师？

　　因为讨厌数学，相关的理科也都完全不喜欢。在生物课上，一只青蛙被活生生地解剖了——用图画钉把皮拉开，我也极不以为然，就逃学去看电影。但在要交的作业中，老师命令学生把变形虫细胞绘成画，就没有一个同学比得上我，我的作品精致仔细，又有立体感，可以拿去挂在壁上。

　　教解剖学的老师又是一个肥胖的八婆（这也许是导致我长大了对肥胖女人没有好感的原因之一），她诸多为难我们，又留堂，又罚站，又打藤。我们已到不能容忍的地步，是时候反抗了。

　　我领导几个调皮捣蛋的同学，把一只要制成标本的死狗的肚皮剖开，再到食堂去炒了一碟意大利面，下大量的西红柿酱，弄到鲜红，用塑料袋装起来，塞入狗的肚子中。

　　上课时，我们将狗搬到教室，等那八婆来到，忽然冲前，掰开肚皮，双手插入塑料袋，取出意大利面，在老师面前血淋淋的大吞特吞，吓得那八婆差点昏倒，尖叫着跑去拉校长来看。那时我们已把意大利面弄得干干净净，一点痕迹也没有。

校长找不到证据，我们又瞪大了眼做无辜表情（有点可爱）。校长更碍于和我家母的友情，就把我放了。之后那八婆有没有神经衰弱，倒是不必理会。

任性的性格，影响了我一生，喜欢的事可以令我不休不眠。接触书法时，我的宣纸是一刀一刀地买，我是一刀一刀地练字。所谓一刀，就是一百张宣纸。来收垃圾的人，有些字也欣赏，就拿去烫平收藏起来。

任性地创作，也任性地喝酒，年轻嘛，喝多少都不醉。我的酒是一箱箱地买，一箱有二十四瓶。我的日本清酒，一瓶一点八升，一瓶瓶地灌。来收瓶子的工人，不停地问：你是不是每晚开派对？

任性，就是不听话；任性，就是不合群；任性，就是跳出框框去思考。

我到现在还在任性地活着，最近开的越南河粉店，开始卖和牛。一般的店因为和牛价贵，只放三四片。我不管，吩咐店里的人，就把和牛铺满汤面，顾客一看到，"哇"的一声叫出来。我求的也就是这"哇"的一声，结果虽价贵，也有很多客人点。

任性让我把我卖的蛋卷下了葱，下了蒜。为什么传统的甜蛋卷不能有咸的呢？这么多人喜欢吃葱，喜欢吃蒜，为什么不能大量地加呢？结果在我的商品之中，葱蒜味的既甜又咸的蛋卷卖得最好。

人们一向喜欢吃葱油饼，但店里卖的葱油饼，葱一定很少。这么便宜的食材，为什么要节省呢？客人爱吃什么，就应该给他们吃个过瘾。如果我开一家葱油饼专卖店，一定会下大量的葱，包得胖胖的，像个婴儿。

最近常与年轻人对话，我叫他们跳出框框去想，别按照常规。常规是一生最闷的事，做多了，连人也沉闷起来。

任性而活，是人生最过瘾的事，不过千万要记住，别老是想而不去做。

做了，才对得起"任性"这两个字。

当小贩去吧！

年轻人最大的问题是迷惘，不知前途如何；成年人最大的烦恼，是不愿意听无能的上司指点。

在网上，很多人问我一些难题，我的答案只有三个字，那便是"麦当劳"。

说多了，就会有很多人误会："你特别喜欢麦当劳的食物吗？你收了他们的广告费吗？为什么老是推荐？"

　　我可以再三地回答："我不是特别喜欢或讨厌麦当劳。"理由很简单："我没有吃过。"我不喜欢麦当劳，原因是我最讨厌弄一个铁圈，把可怜的鸡蛋紧紧捆住，把一种可以千变万化的食材改成千篇一律。我讨厌的，是将美食消灭的快餐文化。

　　至于广告，他们有年轻小丑推销，不必动用到我这个老头。他们请大明星，更不成问题。我老是把这三个字推销给年轻人，当他们问我失业怎么办的时候。好的，去麦当劳打工呀，一定有空职，他们很需要人才。人生怎么会迷惘呢？最差也有一个麦当劳请你。

　　如果你肯经过麦当劳的职业训练，这对你今后工作的态度也会有所改变，就像叫你去当兵一样，知道什么是规矩和服从。你再也不受父母的保护，知道怎么走入社会，这是人生的第一步。

　　一切都要靠自己的努力，没有直升机从空而降，麦当劳的职业训练是基本功。开一家餐厅，有数不清的困难和危机，对人事的处理，有学不尽的知识。做任何事，都不容易，这是一个最大的教训，麦当劳会出钱让你学习。

　　拥有自己的餐厅，就像读书人的理想是开书店一样。喜欢饮食的人，为什么要朝九晚五替别人打工，为什么不可以把时间和生命控制在自己手里？

　　当小贩去吧！当今是最好的时机。

对的，香港已经没有小贩这回事，政府不许，都要开到店里去。当地产商横行霸道时，租金是当小贩的最大障碍。可是现在不同了，看这个趋势，房地产价钱一定下跌，租金也相对性地便宜，这是当小贩的最好时机。

和同事或老友一起出来打世界，一对小夫妻也行，存了一点钱就可以开店了，从小店做起，两个人有手有脚，不必靠工人，不必受职员的气，同心合力把一件事做好，日本就有这种例子。人家可以，我们为什么不可以？

最大的好处是自由，想什么时候营业都行。如果你是一个"夜鬼"，那就来开深夜食堂吧。要是你能早起，特色早餐一定有市场。

卖什么都行，尽量找有特色的、市场上没有的，不然就跟风，人家卖拉面，你就卖拉面，但一定要比别人的好吃才行。

我一向认为做食肆，只要坚守着"平、靓、正"这三个字，绝对死不了人。

"平"，字面上是便宜的意思，但有点抽象，贵与便宜是看物有所值与否；"靓"，当然是东西好，实在，不花巧；"正"，是满足。

有了这三个字，大路就打开了，前途光明无量。

基础打好，有足够的经验、精力及本钱，就可以扩大，就可以第二家、第三家地开下去。但开的店越多，风险就越大，照顾不到的话，亏本是必定的。

至于卖些什么，最好是你小时候喜欢吃什么，就卖什么，卖不完自己也可以吃呀！老人家说不熟不做，这是有道理的，你如果没有吃过非洲菜就去卖，必死无疑。

即使吃过，只喜欢也是不够的，也别做去学三个月就变成专家的梦。好好学习，从头学起，一步一步走，走得平稳，走得踏实。

在香港，人们最喜欢吸纳新事物、新食物，泰国菜、越南菜甚至韩国菜、日本菜，都可以在香港生存下去，有些做得比本来的更美味。

可以发展的空间很大，也不必去学太过刁钻的，像潮州小食粿汁，就很少人去做。开一档正宗的，粿片一锅锅蒸，一块块切出来，再配以卤猪皮、豆卜之类既便宜又美味的小食。只要是味道正宗，所有传媒都会争着报道。

东南亚小吃更有得做，但为什么一味简简单单又受大众接受的叻沙没有人做得好呢？因为不肯加正宗的血蚶呀！有些人说，血蚶难找。九龙城的潮州杂货店就可以买到。

别小看小贩，他们真的会发达。我就亲眼看到许多成功的例子，他们由一家小店开始，做到十几二十间分行。当小贩不是羞耻的行业，当今有许多放弃银行高薪在美食界创业的年轻人。经过刻苦耐劳，等待可以收成的日子来到，那种满足感，笔墨难以形容。

好，大家当小贩去吧！

别绑死自己

又是新的一年，大家都在制订这次的愿望。我从不跟着别人做这等事，愿望随时立，随时遵行则是。今年的愿望，应该是尽量别绑死自己。

常有交易对手相约见面，一说就是几个月后，我一听全身发毛，一答应，那就表示这段时间完全被人绑住，不能弹动，那是多么痛苦的一件事。

"可以改期呀！"有人说。虽然可以，但是我不喜欢这么做，答应了就必须遵守，不然不答应。改期是噩梦，改过一次，以后一定一改再改，就会变成一个不遵守诺言的人。

那么怎么办才好？最好就是不约了，想见对方，临时决定好了。喂，明晚有空吃饭吗？不行？那么再约，总之不要被时间束缚，不要被约会绑死。

人家事忙，可不与你玩这等游戏，许多人想事前约好再来，尤其是日本人，一约都是早几个月。"请问你六月一日在香港吗？是否可以一见？"

对方问得轻松，我一想，那是半年后呀，我怎么知道这六个月里会发生什么事？虽然心里这么想，但我总是客气地回答："可不可以近一点再说呢？"

但这也不妥，你没事，别人有，不事前安排不行呀！我这种回答，对方听了一定不满意，所以只有改一个方式："哎呀！六月份吗？已经答应人家了，让我努力一下，看看改不改得了期。"

这么一说，对方就觉得你很够朋友，再问道："那么什么时候才知道呢？"

我回答："五月份行不行？"

"好吧，五月再问你。"对方给了我喘气的空间。

说到这里，你一定会认为我这人怎么那么圆滑，那么虚伪。但这是迫不得已的，我不想被绑死，如果在那段时间内我有更值得做的事，我真的不想赴约。

"你有什么了不起？别人要预定一个时间见面，六个月前通知你，难道还不够吗？"对方骂道，"你真的那么忙吗？香港人都是那么忙的呀？"

对的，香港人真的忙，他们忙着把时间储蓄起来，留给他们的朋友。

真正想见的人，随时通知，我都在，我都不忙。但是一些无聊的可有可无的约会，到了我这个阶段，我是不肯绑死我自己的。

当今，我只想多一点时间学习，多一点时间充实自己，吸收所有新科技，练习之前没有时间练习的草书和绘画，依着古人的足迹，把日子过得悠闲一点。

我还要留时间去旅行呢。去哪里？大多数想去的不是已经去过了吗？不，不，世界之大，是去不完的，但当今最想去的，是从前一些住过的城市，见见昔时的友人，回味一些当年吃过的菜。

虽然有些没去过的，像喜马拉雅山、北极等等，这些机会我已经在年轻时错过，当今也只好认了，不想去了。所有没有好吃的东西的地方，我都不想去了。

后悔吗？后悔又有什么用，非洲有那么多的国家，像刚果、安哥拉、纳米比亚、莫桑比克、索马里、乌干达、卢旺达、冈比亚、尼日利亚、喀麦隆等等，数之不清，不去不后悔吗？已经没有时间后悔了。放弃了，算了。

好友俞志刚问道："你的新年大计，是否会考虑开'蔡澜零食精品连锁店'？你有现成的合作伙伴和朝气勃勃的团队。真的值得一试……"

是的，要做的事真的太多了，我现在的状态处于被动。别人有了兴趣，问我干不干，我才会去计划一番，不然我不会主动地去找东西来把我自己忙死。

做生意，赚多一点钱，是好玩的。但是，一不小心，就会被玩。一被玩，就不好玩了。

我回答俞志刚兄道："有很多大计，首先要做的，是不把自己绑死的事。如果决定下一步棋，也是轻松地去做，不要太花脑筋地去做。一答应就全心投入，就会尽力，像目前做的点心店和越南河粉店，都是百分之百投入的。"

俞志刚兄回信："说得好，应该是这种态度，但世上有不少人，不论穷富，一定要到把自己绑死为止。"

不绑死自己，并不是一件容易的事。从年轻到现在，我一直往这个方向走，中间遇到不少人生的导师。有个意大利司机向我说："烦恼干什么，明天的事明天再去烦吧！"

还有遇到在海边钓小鱼的老嬉皮士，我跟他说："喂！老头子，那边鱼更大，去那边钓吧。"他回答道："但是，先生，我钓的是早餐呀！"

更有我的父亲，跟我说："对老人家孝顺，对年轻人爱护，要守时间、守诺言、重友情。"

这些都是改变我思想极大的教诲，学到了，才知道什么叫放松，什么叫不要绑死自己。

可不可以和你拍一张照片？

不知不觉之中，我也成为所谓的"名人"了，时常有陌生人问："可不可以和你拍一张照片？"

对方很客气，我当然不会拒绝，要拍多少张都行。我从小被父母教育，人与人之间应该有互相的尊敬，这是基本的礼貌，必定遵从。

不喜欢的是，有些人连这一点最低的要求都不懂，譬如就来一句："喂，蔡澜，合拍一张？"

我多数当对方是透明的，便装聋作哑，从他身边经过。心情好的时候，我会说："对年纪比你大的人，不可以呼名道姓。"

这是事实，对方的父母没教他，由我来倚老卖老指出，对他们也不无好处。

有些人听到了，腼腆而去。有些人翻脸："不拍就不拍，你以为我会稀罕？"

对此等人间废物，只有蔑视。

在新书出版后的签书会上，很多读者要求合照，队伍太长，一位位拍，时间是不够的。我关照助手替对方拿着手机，要他们站在我身后，一面签名一面拍。

多数读者会满意而去，但也有很多说："竖的一张，我们再来横的一张，看看镜头！"

这时我心中开始厌烦，虽不作声，但是表情已经硬，挤不出笑容了。

有些相貌姣好，言语不俗，以为是很喜欢看书的知识分子，智商一定很高，岂知眼对镜头，他们即刻举起剪刀手来，作胜利状，我看了也苦笑作罢了，不会生气。年轻人喜欢作 V 字状，情有可原，七老八十，还要做此动作，就显出智商低了。

答应了和对方合照之后，他们会越走越近，我一向越避越开，还得保持客气，但他们得寸进尺，伸出手来要拥揽我肩膀，这就很讨厌了。

是的，人与人之间要互相尊重，但是对年纪比我们大的人，不可作亲友状。我与金庸先生认识数十年，也不敢作此大胆无礼的动作，非亲朋好友，怎可勾肩搭背？

走进食肆，店主有时要求合照，从前我来者不拒，后来听到很多人投诉，他们看到我的照片才去吃的，怎知东西咽不下喉？

被冤枉多了就慢慢学乖了，一进门就要求拍照时，我会说等吃完再拍好了。如果难吃，我就一溜烟跑掉；东西好吃，我则会很乐意和他们拍照。

有时候，怎么也避免不了，去了一个饮食人的聚会，多人要合拍，也一一答应了，第二天便被贴在店外。当今，对这种情形，我多数不笑，所以江湖上已传出，要看到照片上我笑的才好去吃。这也是真的，没有说错。

有时我还会主动拍照，要是东西好吃，我请厨房的所有同事都出来合拍，看见有些服务员站在一边不敢出声，我也一一向她们招手。

拍全体照最费时，通常他们要我坐下，然后一个个加入，我左等右等，大家还是没有排好位置！吃亏多了，我就要求大家先摆好姿态，留中间一张空凳，等到最后我才坐上去，年纪越大，越珍惜时间。

合照可以，握手就免了吧。我最怕和人握手了，对方的手总是湿腻腻的，握完就要去洗一次手，洗多了脱皮，也变成了洁癖。虽然很怕握手，但对方伸出来，拒绝了很不礼貌，我多数拱拱手，作抱拳答谢状，向各位说："当今已不流行握手了。"

从前有过一阵子，听别人说不如叫那些要合照的人捐一些钱做慈善吧。我叫助手拿了一个铁筒收集，也得过不少零钱，至今嫌烦，不如自己捐吧。

在香港的街上，遇到游客要求合照，我当然也没拒绝过。我当自己是一个旅游大使，为香港出一份力也是应该的。在烈日和寒冷天气下，我还是会容忍的。

要求之中，最讨厌的是"自拍"了。所有自拍，人都要靠得极近，对方又不是什么绝色佳人。而且，一自拍，人头一定一大一小，效果是不会好的。通常，我会请路过的人替我们拍一张算数。

遇到自己喜欢的人，我也会像小粉丝一样要求合拍。对方若拒绝，我也会伤心，但好在没有发生过这种情形，因为我的态度是极诚恳的。

最后一次，是在飞机上遇到"神奇女侠"盖尔·加朵（Gal Gadot），她很友善，点头答应，微笑着合拍了一张。

想起一件往事，拍《城市猎人》时，主创团队从日本请来了当时被誉为最漂亮的日本女明星后藤久美子。在中国香港遇到影迷时被要求合照，日本的明星大多数会拒绝。即使他们不拒绝，经纪人也会叫他们拒绝，久美子也不肯合照，成龙看到了说："他们是'米饭班主'（广东话，意指赏饭的老板）呀。"

后来久美子遇到影迷，也都笑脸迎人了。

赚到的钱是曾曾曾祖父

"去那么多次北海道，不厌吗？"有些团友问我。

不厌，因为每次组合都不一样，各人有相异的个性、爱好和喜怒哀乐。从不同的职业中，可以认识许多能帮助我的人。

像我喜欢画丝巾，但买不到现成的，便跑去裕华买了一块白丝布来画，画完才知道那四条边很难针钉。在上一个团，我遇到一位做丝绸生意的，他说："容易，你要多少条？我叫厂里的工人做给你。"

"但是去的地方呢？相同吧？"又有些人问。

是的，地方不能每次都改变。但是，北海道还能保持一些纯朴的古风，做买卖的认为客人是"米饭班主"，非常尊敬。这种感觉不错，见得面多，大家都像老朋友。

在下榻的旅馆，就算是严寒天气，经理和侍者在我们走时也会出来相送，直到见不到他们招手为止。

"这是日本的传统，他们并不是出于真心真意。"团友指出。

也没说错。不过真的也好，假的也好，有这种招呼，好过没有。

去鱼市场买东西的时候，小贩第二次便认出我们，拼命地问候，又自动减价。

"留住老客人，好过见新的。"老太太笑嘻嘻地解释。

在东京就没这种亲切感，在北海道这种乡下到处可见。在香港，人们做生意，最多只是招呼好一点，因为目前的经济低迷。至于做不做得了下次买卖，像世界末日，他们不会想得那么长远。

从中学习，即使有些团友抱怨多多，我也笑脸相迎。将其记入黑名单，下次说客满不收。多一名少一名不会饿死人。

虚伪的事做得多了，也变成真的。很诚恳。

生意嘛，客人是老祖宗。袋中赚到的钱，是老祖宗的老祖宗，是曾曾曾祖父。

身价

问："有没有人找你拍广告？"

答："有。"

问："多少钱？"

答："报纸、杂志、广告，不出本人肖像者，五十万港元；连名带照片者，一百万港元；电视广告，两百万港元。不扣税，为期一年。"

问："不扣税我明白，但为什么要为期一年？"

答："哈哈哈哈，请看曾江兄为染发膏拍的广告。当年他签约时不小心，广告一登就是几十年，他分文不得。"

问："为什么没看到你的电视广告呢？"

答："哈哈，有些钱是赚不下手的。"

问："这话怎么说？"

答："有个内地楼盘叫广告公司找我，如果接了，拍完之后业主收不到楼，岂不变为罪人？"

问："除了内地楼盘，香港广告商有没有找过你？"

答："有一个用膏药贴手臂戒烟的，我也接不成。他们说只要不在公众面前抽烟就是，我骗不了人，结果一分钱也没赚到。由于近年我拍了电视旅游节目，找上门的广告商更多，我烦不胜烦，想学扬州八怪郑板桥撰写一张卖字画的润例。"

问："什么叫润例？"

答："价钱表呀。"

问："郑板桥的润例是怎么写的？"

答："大幅六两、中幅四两、小幅二两、条幅对联一两；扇子斗方五钱，凡送礼者，总不如白银为妙。公之所送，未必弟之所好也。送白银则心中喜乐，书画皆佳。礼物既属纠缠，赊欠尤为赖账。年老神倦，不能陪诸君子作无益语也。"

问："什么叫不能陪诸君子作无益语？"

答："套现代话，唔跟你地呢班契弟玩（不跟你们这群傻瓜玩耍）。"

问："哈哈，这个润例也算坦白率真，他还说了些什么？"

答："郑板桥还作了一首诗，贴在门口。诗曰，'画竹多于买竹钱，纸高六尺价三千；任渠话旧论交接，只当秋风过耳边'。"

问："你的润例会写些什么？"

答："领带一条，港元五千。"

问："还有呢？"

答："斗方一万，对联二万，小幅字画四万，中幅五万，大幅十万。"

问："叫你刻印呢？"

答："年老神倦，不刻了。"

问："我也喜欢你刻的图章，可不可以算便宜一点？"

答："对了。润例上边加一条，每次减价，收贵一成。"

问："要你签个名，照张照片，不会收钱吧？"

答："我一直想弄个箱子，写着献给联合国儿童基金，每签个名，每拍张照，任捐。"

问："谁能保证这些钱会送到联合国？"

答："不能保证，随心情而定。记得亦舒曾经告诉我一段往事，说倪匡兄在学校时提箱子卖旗，结果大家都奇怪为什么他有钱买巧克力吃。倪匡兄是我的偶像，他做得出的事，我都会学习。"

问："听说很多人要去什么地方玩，都找你介绍当地的几家好餐厅，你收不收钱？"

答："到现在为止，总是免费的。但这麻烦到极点，从今之后要收钱。"

问："怎么一个收法？"

答："和一个网上购物的机构合作，把数据存进计算机，世界上每个大都市的餐厅，都有详细的介绍。比如，地址和电话地图等等在哪一条街，都写得清清楚楚，还有该餐厅的菜单、价目，什么酒最好……问我要资料的人，请他在网上找。"

问："噢，这些资料还真管用。一份收多少钱？"

答："一百港元。"

问："那么便宜？"

答："岂止便宜，我还会向那些餐厅讲好，如果用户下载我的数据，拿着打印出来的证据，就可以得到折扣。"

问："钱怎么付？"

答："信用卡呀。"

问："谁相信信用卡？"

答："说得对。就快有一张有限额的卡出现，放进机器中，自动扣除，不怕信用卡号码给黑客盗用。"

问："像八达通卡？"

答："原则上有点像。"

问："最后一个问题，你的身价值多少？"

答："我曾经在金三角越过边界，给柬埔寨的官兵抓去，他们说要付赎金才能脱身。我问多少，他们回答两千港元。我知道，我只值两千港元罢了。"

创作与写作

出版

问："是否可以谈谈你出版过的书？"

答："哈，做访问时，很少人提到这方面，我是最乐意谈论和回答的。"

问："你一共出版过多少本书？"

答："没去算过，一百本吧。"

问："哇，那么多！"

答："几十年写下来，集呀集呀，就变成那么多了，我自己也感到惊讶。"

问："第一本是在什么时候出版的？书名叫什么？"

答："忘记了，几十年前吧。书名叫《蔡澜的缘》。"

问："为什么取了那么一个名字？"

答："我最初在《东方日报》的副刊《龙门阵》写专栏，

专栏名叫《缘》，结集了那些文章，出了书，就叫那个名字。"

问："是香港天地图书出版社出版的吗？"

答："我的书，大多是香港天地图书出版社出版的。第一本却不是，是香港博益出版社出版的。后来绝版了，他们不再印了，我讨了回来，交给香港天地图书出版社重印。"

问："每本书出多少版？能赚多少钱？"

答："有的好几版，有的几十版，不一定。至于说到能赚多少钱，在中国香港，图书的版税少得可怜，根本和付出的努力不成正比。所以我们这些所谓的作家，要靠报纸或杂志的专栏先赚一笔，书再赚一点。不然心理取不到平衡，作家会发疯的。"

问："要是在欧美或日本出那么多书，版税一世都吃不完。"

答："是呀。从前我有个上司，每次经过我的书架，都酸溜溜地那么说，以为我利用工作时间写作，其实我是牺牲自己的睡眠。我回他，在美国吃不完，在新加坡、马来西亚或泰国，要自费才出得了书，要是在当年的柬埔寨，就要被拉去杀戮战场了。在中国香港只能赚一点点，算是福气。"

问："你的书，书名多数是四个字，像《雾里看花》《浅斟低唱》等，这和书的内容有关系吗？"

答："完全没有关系，只取意境。"

问："有没有不喜欢的？"

答："有一本叫《花开花落》，意在纪念父亲。我哥哥晚年很喜欢看我的书，在病榻上抓了这一本，过些日子就去世了，这让我感到特别的心痛。"

问："书上的题字都是由令尊写的？"

答："最初的是，家父过世后，我从他的手稿中集字为题；后来的是自己写的，但也用他的名字。封面绘图照样是苏美璐画的，比内容精彩。"

问："内容全部是小品文吗？"

答："也不是。有两三本是小说，像《吐金鱼的人》和《追踪十三妹》。"

问："为什么《追踪十三妹》没有续集？"

答："没时间写，我希望有一天少了每天写专栏的重担，再继续。写的是一个时代，人物来来去去都围绕着十三妹。"

问："《追踪十三妹》有很多性爱描写，有必要吗？"

答："十三妹真有其人，我花了七年工夫才收集了资料写的，我认为有了性爱，她更活生生。"

问："那本《觉后禅》呢？"

答："是根据李渔的《肉蒲团》改写的，本来要拍成电影，但拍不成，就写成白话文的版本。香港天地图书出版社是一家正经的公司，由他们换了一家出版社出版。"

问："这些书能在内地出版吗？"

答："我见过盗版的。很多书有盗版，最初的盗版粗糙了一点，后面越来越精美，据说很畅销。如果没有盗版，我也可以捞好大的一笔。"

问："现在的呢？"

答："现在已有正版了，反而没那么好卖。"

问："在《亚洲周刊》中有个图书流行榜，你的书在新加坡都曾经榜上有名，为什么在马来西亚反而没卖？"

答："寄去新加坡的书，也只不过那几百本，榜上有名算得了什么？马来西亚的盗版很猖狂，我连书也懒得寄去。如果正版好好开发，倒有一笔收入。盗版印得最好的一本叫《辇笑话老头》，缩小成口袋书，精美得不得了。询问之下，原来是一个和尚翻印的，我想找他说声谢谢，他以为我要找他麻烦，逃之夭夭。"

问："你不介意人家盗版吗？"

答："介意也介意不来，怎么追讨？如果模仿是一种恭维，那么把盗版也当成恭维好了。懊恼的是香港的'中央图书馆'也进了盗版书，但推说是供货商的错。我发了律师信，供货商怕了起来，托人来讲和，说会替我出内地版，但也不了了之。"

问："书店卖你的书，你有什么要求吗？"

答："我曾经要求出版得最多的香港天地图书出版社，在他们的湾仔门市部中给我一个专柜，像'亦舒专柜''李碧华专柜'等，让要找我的书的人一下子就能看到，把书编起号码，一卖完就补印。但是，负责人刘文良答应了半天，始终没做到。现在他去世了，看样子没办法完成我这个心愿了。"

问："那么你也会一直写，一直出书吗？"

答："有一天，我疲倦了，就不写了，不写哪有书出？全世界的读者都是一样的，作者活着的话就不觉得珍贵。还是预先宣告死亡，也许书能卖得更多。哈哈哈哈。"

写作哲学

问："你谈过你对人生的一些看法，你本身是个作家，但还没问过你写作的事，你是从什么时候开始写的？"

答："你我一样，都是在念小学的时候，从老师教我们作文开始写的。"

问："正经一点好不好？"

答："我讲这句话，是有目的的。等一会儿再回来谈。如果你问我是从什么时候开始赚稿费的？那是在中学。我投稿到一家报馆，发表了。得到甜头之后陆续写，后来靠稿费带女同学上夜总会。"

问："从那时候写到现在？"

答："不。中间去外国留学就停了，后来为事业奔波，除了写信之外，没动过笔。四十岁时，工作不如意，我才开始写专栏。"

问："是谁最先请你写的？"

答："周石先生。那时候《东方日报》好像由他一个人负责，包括那版叫《龙门阵》的副刊。周石先生很会发掘新作者，常请人吃饭，与人聊天，听到对方在饭局上说故事说得精彩，就鼓励他们写东西，我是其中一个。"

问："后来你也在《明报》的副刊写过？"

答："是，我有一个栏，叫《草草不工》，用到现在。"

问："《草草不工》不像一般专栏的栏名，为什么叫草草不工？"

答："草草不工，不工整呀！带有谦虚的意思。当年我向冯康侯老师学书法和篆刻，他写了一个印稿给我学刻，就是'草草不工'这四个字，我很喜欢。这方印，在报纸上也用上了。"

问："那时候的《明报》副刊人才济济，要挤进去很不容易，《明报》是怎么让你在那里发表的？"

答："在《龙门阵》写，有点成绩，我才够胆请倪匡兄把我推荐给金庸先生。当年金庸先生很重视这一版副刊，作者都要他亲自挑选，结果他观察了我一轮文章之后，才点头。后来他们做过读者调查，老总潘粤生先生亲自透露，说看我东西的人最多，算是对金庸先生有个交代。"

问："怎么写，才可以写得突出？"

答："要和别人有点不同。当时的专栏，作者多数讲些身边琐碎杂文，我就专门讲故事，或者描写人物，或者谈谈旅游。每天一篇，都有完整的结构。几位写得久的作者说我写得还好。问题在于耐不耐久，他们没想到我刚开始就有恃而来。"

问："这句话怎么说？"

答："停了写作那几十年之中，我不断地与家父通信，大小事都告诉他，一星期一两封。我也一直写信给住在新加坡的一位长辈兼老朋友曾希邦先生。写了专栏，我请他们两位把我从前写过的信寄过来，整箱整箱地寄。等于是翻日记，重看一次，题材就取之不尽了。"

问："你的文章中，最后一句时常令读者出乎意外，这是刻意安排的吗？"

答："刻意的。我年轻时很喜欢看欧·亨利（O. Henry）的文章，多多少少受他的影响，爱上他写作技巧终局的 Twist（转折）。周石先生说那是一颗'棺材钉'，钉上之后文章就结束。"

问："怎么来那么多'棺材钉'？"

答："一篇文章的结构，跳不出起、承、转、合这四个步骤，但是不一定要依这个去写，把'转'放在最后，不就变成棺材钉了吗？"

问："要经过什么基本训练吗？"

答："基本功很重要。画画要有素描的基本功，写字要有临帖的基本功。"

问："什么是写作的基本功？"

答："看书。像干电影的人，不看电影怎么行？写作人基本上是一个勤于读书的人，需要从小就爱看书。从小不爱文学的人，最好去做会计师。"

问："你是从看什么书开始的？"

答："小时候看连环图，大一点看经典书，像《三国演义》《水浒传》《西游记》《红楼梦》等，都非看不可，中学时代是做人一生之中最能吸收书本的时候，什么书都生吞活剥，只有在这个年代你才有耐性把长篇的《约翰·克里斯托夫》《战争与和平》《基度山伯爵》等等看完。像一个发育中的小孩，怎么吃都吃不饱。经过那段时期，你就很难接触到那么厚的书了，当然，除了金庸先生的武侠小说。"

问："我也经过那段时期，也想当一个专栏作家，你认为有可能吗？"

答："啊，现在可以回到刚才所说的，做学生时你我都写过作文。我认为会走路的人就会跳舞，会举笔的人就会写文章。你想当作家？当然可能。不过，跳舞的话，跳步总得学，写作也要练习。光讲，是没有用的；你想当作家，就先要拼命写、写、写。发表不发表，是写后的事。为了发表而写，层次总是低一点。不写也得看，每天喊着很忙，看来看去只是报纸或杂志，视线都狭小了。眼高手低不要紧，至少好过连眼都不高。半桶水也不要紧，好过没有水。当今读者对写作人的要求不高，半桶水也能生存，我就是一个例子。"

问："你为什么不用粤语写作？"

答："我也想尝试，但是我的广东话不灵光。香港有许多用粤语写作的文人，因为他们是以粤语思考的。我写东西，脑子里面讲的是普通话，所以只懂得用这个方法写作，而且，我觉得普通话能够接触到某一种方言以外的读者。写东西的人，内心都希望多一点人能够看到。"

问："所以人家说你的文字简洁，就是这个道理？"

答："只答中一半。我选用的文字，尽量简单，像你我在聊天，我没有理由用太多繁复的字眼。当今的华文水平越来越低落，有些人还说金庸先生的作品是古文呢。（笑）文字简单也是想多一点人看得懂。至于说到那个'洁'字，是受了明朝小品的影响，那一代的作家，短短的几百个字就能写出人一生的故事。我很喜欢。但对于赚稿费，这一点帮助也没有。（笑）"

问："你的文章看了好像信手拈来，是不是写得很快？"

答："一点也不快。一篇七百字的东西要花一两个钟头。写完重看一遍，再改。放了一个晚上，第二天再看，再改，这是我父亲教我的写作习惯。至于题材，则时时刻刻地思考，想到一个，就储起来，做梦也在想，现在和你谈天，也在想。"

问："你一共出了多少本书？"

答："已经不去算了，反正天天写，七百字的短文一年可以集成三本左右。一星期写两千字的，一年可以集成两本。八百字的写餐厅批评的，一年也是两本。"

问："都是发表过的文章？没有为了出版一本书而写的吗？"

答："先在报纸和周刊上赚一笔稿费再说，中文书的销路实在有限，单单出书得不到平衡。"

问："为什么你讲来讲去，都讲到钱？"

答："为理想而不顾钱的阶段，在我人生也有过，但是不多。不过，钱多一个零少一个零对日常生活也没什么改变，钱只是一种别人对我的肯定，我是俗人，我需要这份肯定。"

问："听说你的稿费很贵？到底有多少？"

答："唉，年老神衰，写不了那么多，对付那些前来邀请的新办杂志的编辑，我只有吹牛说人家付我每年一百万港元，你给得起的话，再说吧！"

问："你的稿费就算再高，研究纯文学的那帮人也从来看不起你，他们一向提都不提你。"

答："（嬉皮笑脸）不要紧。"

问："你有没有想过你的文章能不能留世？"

答："倪匡兄也遇到一位所谓纯文学或者叫严肃文学的作者。她说，'倪匡，你的书不能留世，我的书能够留世'。倪匡听了笑嘻嘻地说，'是的，我的书不能留世，你的书能够留世。你留给你儿子，你儿子留给你孙子，仅此而已'。倪匡兄又说，'严肃文学，就是没有人看的文学'。"

问："哈哈。他真绝。"

答："能不能留世，根本就不重要，最重要的是保持一份真。有了这份真，就能接触到读者的心灵。倪匡兄说过我就是靠这份真吃饭的，吃了很多年。"

问："你难道一点使命感也没有吗？"

答："有了使命感，文字一定很沉重，和我的个性格格不入。"

问："你的文章中有很多游戏，又有很多歪曲事实的理论，不怕教坏青少年吗？"

答："哈，要是靠我一两篇乱写的东西就能影响青少年，那么教育制度就完全崩溃了，每天花那么多小时读的书，都教不到他们判断力，多失败！"

问："你写的多数是小品文，为什么不尝试写小说？"

答："我也写过一本叫《追踪十三妹》的小说呀。"

问："我看过，还没写完。"

答："我会继续写的，都是用第一人称，新书只说一个新人物。我认识十三妹这位二十世纪六十年代的专栏作家。写多几本，我也是把每一个人物都串连起来。我这一生，只会写这一辑小说。"

问："什么时候才写？"

答："等我停下来。"

问："你停得下来吗？"

答："（发呆了一阵子）大概停不下来吧。"

问："对于写作，你可以做一个结论吗？"

答："记得十多年前有本杂志，叫《读书人》，请了金庸先生亲笔写几个字，他老人家录了钱昌照老先生的《论文》诗：文章留待别人看，晦涩冗长读亦难；简要清通四字诀，先求平易后波澜。"

活在疫情的日子

"自我隔离的这段时间做什么好呢？"很多网友问。

"有什么好过创作？"我回答。

"但我们都不是什么艺术家呀！"

"不必那么伟大，种种浮萍，也是创作。"

浮萍去哪里找？钢筋大厦森林中。说的也是，不如把家里吃剩的马铃薯、洋葱和蒜头，统统都拿来浸水，一天天看它们长出芽来，高兴得很。

好在年轻时在书法上下过苦功，至今天天可以练字，越写越过瘾，每天不动动笔就全身不舒服，写呀写呀，天又黑了。

写好的字拿到网上拍卖，也有人捧场。

玩个痛快，替网友们设计签名，中英文皆教。也不是自己的字写得好，而是看不惯年轻人的鬼画符，指导一下，皆大欢喜。

微博这个平台不错，网友一个个争取回来，至今也有一千万个粉丝。本来一年只开放一个月，让大家发问，这次困在家里，就无限制了，年轻人问问苦恼事，一一作答，时间也不够用。

喜欢的电影是什么？早已回复。当今问的是音乐，这方面我甚少涉及，就大做文章。从我喜欢的歌手开始，每个歌手来一曲，启发了网友对他们的喜好，网友就可去听他们别的作品。

勾起很多回忆，像我刚到香港时的流行曲，是一曲叫《以吻封缄》（Sealed With a Kiss）的，由布赖恩·海兰（Brian Hyland）唱出，这是一九六二年的事了。那段日子不停地在我脑海中出现，也不管他人喜不喜欢，我也就介绍了。

很多人的反应是低级趣味，又嫌这是老饼之歌，怎么说都好，我才不管，我喜欢是我的事。如果年轻人细听，也会听出当年的歌星都经过丹田的训练，歌声雄厚，不像现在的一些人唱一句吸一口气。

大家躲在家里时，我还是照样上街，但是不可妨碍到别人，口罩是戴上的，一回到车上，即刻脱掉，不然会把自己闷死。

钟楚红来电说聚会，到了才知道是她的生日，多少岁我不问，反正美丽的女人是不老的。

请我吃饭最合算，我吃得不多，浅尝而已。酒照喝，也不可能像年轻时那样一喝就是半瓶烈酒。

一说喝酒，又想起老友倪匡兄，他最近得了一个怪病，腿部长了一颗肿瘤，动了手术。

他老兄乐得很，说这是一种很奇怪的病，专家一看就知道是一种皮肤癌，普通的医生还以为是湿疹。我本来想请他把病名写给我，后来觉得无聊，也就算了，反正这是外星人才会染上的，说也无益。

这段时间最好是叫外卖，但我宁愿自己去取，打包回来慢慢吃，常去的是九龙城的各类食肆。我偶尔也想到小时候吃的味道，就爬上皇后街一号的熟食档，那里有一摊卖猪杂汤，叫"陈春记"，非吃不可。

老太太已作古，如今由她女儿和女婿主掌，味道当然不可能一样。早年的猪肚是把水灌了又灌，灌到肚壁发胀，变成厚厚的半透明状，爽口无比。做这门功夫的肉贩已消失，总之存有一点点以前的痕迹，已算口福。

店主还记得我虽喜内脏但不吃猪肺，便改成大量的猪红，想起新加坡那一档也卖猪杂，挑战我说他们的产品才是最正宗的，我不服气，就去试。一看碗中物，问道猪红在哪里？对方即刻哑口无言。原来新加坡政府是禁止民众吃猪血的，不但猪血、鸡血、鸭血，什么血都不可以卖，这怎么做出正宗的猪杂汤来？

接着到隔几家的"曾记粿品"，这里除了卖韭菜粿之外，还卖椰菜粿，就是用高丽菜包的。

可惜没有芥蓝粿，想起当年妈妈最拿手，于是我就去菜市场买了几斤，自己做，在家里重温家母的味道，乐融融。

做菜做出瘾来，什么都试一试，我最爱吃面，尤其是黄色的油面，拿来炒最佳，可下鸡蛋、香肠、豆芽和虾炒之，把家佣的那瓶印尼甜味酱油（Kecap Manis）偷过来淋上，不必下味精也够甜。说起它，最好还是买商标有只鹈鹕的 Bango 牌子，其他的不行。

说到炒面，又有点子，可以号召网友来个炒面比赛，得奖的送一幅字给他们，这么一来，花样又多了。

这段时间又重遇毛姆的小说，不止《月亮和六便士》《剃刀边缘》，还有无穷尽的其他作品，统统搬出来看，又有一番新滋味。

还有连续剧和旧电影，是看不完的。

日子怎么过？

太容易过！

玩疫情

疫情那段时间，闷在家里，日子一天天白白度过，虽然没有染病，但也会被疫情玩死。不行！不行！不行！总得找些事来做，找些事来作乐。

饮食最实在，一般的做菜技巧都能掌握，但从来没做过雪糕，我最爱吃冰激凌，也就做了。时间还剩下很多，接下来玩什么呢？

玩绘画

天气渐热，扇子派上用场，不如画扇子吧。一方面，可以用来送朋友，大家喜欢；另一方面，可以拿出去卖，何乐不为？

书至此，还找到一些工具，那是一块木板，上面有透明塑料片，可以把扇面铺平，然后上螺丝，把扇面夹住，就可以在上面写字和画画了。

好在我还跟冯康侯老师学过写字，他老人家说："会写字有很多好处，至少题自己的名字也像样；不然画得再怎么好，一遇到题字，就露出马脚。"

我现在已会写字，再回头学画，可以说是按部就班。向谁学画呢？当今宅于屋，唯有自学，有什么好过从《芥子园画谱》取经呢？

小时看这本画谱，觉得山不像山，石不像石，毫无兴趣。当今重读，才知道李渔编的这本画谱大有学问，它是绘中国画的基本范本，利用它去学习用笔、写形、构图等等技法，从这条途径去体会古人山水画的精神。

也不必全照书中样板死描和抄袭，有了基本，再进行写生，用自己的理想和笔法去表现，就事半功倍了。

书法和绘画，都要经过一番苦功，也就是死记。死记诗词，自然懂得押韵。死记《芥子园画谱》，慢慢地，画山像一点山，画水像一点水，山水画自然学得有一点点模样。

成为大师，需穷一生的本领，但是要娱乐自己，画个猫样也会哈哈大笑。

我喜欢的是树，书上关于各种树的画法都仔细介绍过。按此抄袭，画一棵大树，再在树下画一个小人，树就显得更大了。

小人有各种姿态，像"高云共片心"，是抱石而坐；像"卧观山海经"，是躺在石上看书；像"展席俯长流"，是在石上看水；像"云卧衣裳冷"，是睡在石上看云。寥寥数笔，人物随着情景活了起来，都是乐趣无穷的。

玩工厂

这段日子，最好玩的是手工作业。

香港人手工精巧，在穷的时代就开始有人造胶花工业、纺纱工业等等。逐渐地，依靠大量生产，我们的小工厂搬到了其他地方。这都是因为地皮贵，迫不得已。

但是，我们有手工精细的优良传统，工厂搬到别处之后，空置多了，租金相对之下变得便宜，这令我想到，不如开一间工厂来玩玩。

二十多年前，我开始在香港做手作"暴暴饭焦""暴暴咸鱼酱"等产品，甚受欢迎，后来厂租越来越贵，唯有搬到内地去做。

在内地很难找到高级的咸鱼原材料，虽然继续生产，但是我自己觉得不满意，一直想改进。

疫情之下，工厂的租金降低，这让我有复活这门工艺的念头。想了又想，要是不实行的话，念头再好也没有用。

一、二、三，就开始了。

找到理想的厂房，又遇上理想相同的同事，我们一点一滴设立小型工厂。

先到上环的咸鱼街，不惜工本地寻觅最高级的原材料。咸鱼这种东西像西方的奶酪，要是牛奶不行，怎么做也做不出好的芝士来。我们用的是马友鱼，这种鱼又香又肥，最适合腌咸鱼。我们坚信不用最好的是不行的。

马友鱼虽然骨少肉多，但一般咸鱼拆了下来，最多也只剩下六成肉。用它来制成的咸鱼酱，不必蒸也不必煎，开罐即食，非常之方便，淋在白饭上，或者用来蒸豆腐，或者配合味淡食材，都可以做成一道美味的菜，对于生活在海外的游子，更可医治思乡病。

配合以往的经验，从头开始，在最卫生的环境下，不加防腐剂，人手做成最贵、最美味的酱料。

工厂一切按照政府的卫生规定成立，这么一来，才能通过检查，也可以销售到内地去。这一切，都经过重重的努力。

产品当今已做好，我很骄傲地在玻璃罐上贴了"香港制造"的卷标。

现在已逐渐小量地推出，因为原料费高，也不可能卖得太贵，我不想被超市抽去百分之四十的红利，目前只能在网上卖，或者今后找到理想的条件，再到各个销售点去零售。总之，这是一件很好玩的事。

我不会被疫情玩倒，我将玩倒它。

只限不会中文的老友

为了出版英文书，这段日子我每天写一至两篇，日子很容易过，热衷起来不分昼夜。我们的"忘我"，日本人称之为"梦中"，实在切题。

每完成一篇，即用电邮传送给苏美璐，再由她发给她所在岛上的作家贾尼丝·阿姆斯特朗修改。另外传给钟楚红的妹妹，她已移民新加坡，全部以英文写作和思考，儿女长大较为得闲。经过润色，她把太过英语化的词句拉回东方色彩，这么一来我才和西方人写得不同。

苏美璐的先生罗恩·桑福德（Ron Sandford）也会帮忙，美璐收到文章后给他过目，他看完说："蔡澜写的方式已成为风格，真像从前的电报，一句废话也没有。"

当今读者可能已不知道电报是怎么一回事，昔时以电信号代表字母，像"点、点、点"是什么字母，"点、长、点"又是另一个字母，加起来成为一个字。每一个字打完，后面还加一个"stop"（暂停）字，用来表示完成。

电报贵得要命，以每个字句来算钱，所以尽量少用，有多短就多短，只求能够达意，绝对不多添一句废话，这完全符合我的写作方式。

我虽然中学时上过英校，也一直喜欢看英文小说，电影看得更多，和洋朋友的普通英语对话可以过得去，但要写出一篇完整的文章，还是有问题的。

问题出在我会在文法上犯很多错误，小时学英文，最不喜欢那种过去式、过去进行式等等，一看就头痛，绝对不肯学，我很后悔当年的任性，致使我没有经过严格的训练，现在用起来才知犯错。

好在钟楚红的妹妹会帮我纠正，才不至于被人笑话，我用英文写时一味"梦中"地写，其他的就交给贾尼丝和钟楚红的妹妹去办。

最要紧的还是内容，不好看什么都是假的，但自己认为好笑，别人不一定笑得出，尤其是西方读者。举个例子，我有一篇讲我在嘉禾当总裁时的文章，有一天邹文怀走进我的办公室，看书架上堆得尽是我的著作，酸溜溜地暗示我不务正业，说："要是你在美国和日本出那么多书，版税已吃不完，不必再拍电影了。"我回答说："一点也不错，但要是我在柬埔寨出那么多书，早就被送到杀戮战场了。"

用中文来写就行，一用起英文，贾尼丝就抓不到幽默的点。有一两段如此，我即刻删掉，但是整篇文章放弃就有一点可惜。我不知道贾尼丝怎么会不了解，钟楚红的妹妹就明白。我到底要不要坚持采用，或全篇丢掉呢？到现在还没有决定，我想到了最后，何必呢？还是放弃好了。

要多少篇才能凑成一本书呢？以过往的经验，我在《壹周刊》写的每篇两千字的长文，编成一系列的书，像《一乐也》《一趣也》《一妙也》等等，每一个专题从一至十出十本书，每凑够四十篇就可以出一本，以此类推，英文写的内容有长有短，要是有六十篇就可以了吧？

我现在已存积到第五十二篇了，再有八篇就行。从第一至第五十二篇，我随意写，想到什么写什么，有的写事件，像成龙跌伤等；有的写人物，像邂逅托尼·柯蒂斯（Tony Curtis）等；有的写旅行，像去冰岛看北极光等。任意又凌乱地排列，等到出书时，要不要归类呢？

我写的旅行文章太多了，只选一些较为冷门的地方，如马丘比丘、大溪地等，要不是决心删掉，还会有好几本书。我那本英文书中绝对不可以集中在这个题材上面，所以法国、意大利等内容完全放弃。

关于吃的文章也不可以太多，我选了遇到保罗·博古斯（Paul Bocuse）时请他煮一个蛋的经验，以及做《料理铁人》的评审时又有什么趣事，那些太普通的都删除。

关于日本的书，我出过至少二十本那么多，到最后只选了几个人物，像一个吃肉的和尚朋友加藤和另一个把三级明星肚子弄大的牛次郎。

有关电影的文章太多了，只选了《一个怪物叫导演》和《李云奇里夫的假发》那几篇，里面都是我亲身经历的事和认识的人。

剩下的那八篇要写什么，到现在还没决定，脑海中已经浮现了一篇有关微博上有趣的问答、与蚊子的生死搏斗和疫情中日子怎么过等题材，边写边说吧。

文章组织后，苏美璐会重新替我画插图，众多题材都是她以前画过的。现在新的这批，我有信心会比文章精彩，我一向都是那么评价她的作品的。

如果英文书出得成，到时和她的一批原作画一起展出做宣传，较有色彩。

这本书，像倪匡兄的《只限老友》，我的是《只限不会中文的老友》。书若出不成，自资印一批送人，目的已达成。

如何成为专栏作家（上）

记者来做访问，最多人提出："你吃过那么多东西，哪一种最好吃？"

已回答了数百回，对这些问题感觉烦闷，唯有敷衍地说："妈妈做的最好吃。"

其实，这也是事实呀。

更讨厌的是："什么味道？为什么说最好？吃时有什么趣事？"

味道事，岂为文字可以形容？为什么说最好？当然是比较出来的。有什么趣事？哪有那么多趣事？

我已开始微笑不答了。

今天，又有一个访问，记者劈头就来一句："你写专栏已有三十多年，请你讲讲写专栏的心得好吗？"

这个问题从来没有人问过，我很感谢这位记者，回答了她之后，在这个深夜，做一个较为详细的总结。

专栏是香港独有的文化，也许不是香港始创的，但绝对是香港发扬光大的。每一份报纸，必有一至三页的专栏，这能决定这家报馆的方向和趣味。虽然有很多人写专栏，但总能集合成代表这份报纸的主张。

我认识很多报社的老板，他们都是一览新闻标题之后，就即刻看专栏版，可见多重视专栏。

专栏版做得最好的报纸，远至二十世纪六十年代的《新生晚报》，到金庸先生主掌时期的《明报》和二十世纪七八十年代的《东方日报》。

专栏版虽然有专门负责的编辑，但最终还是报馆老板或者总编辑去决定由谁来写。

《新生晚报》的专栏，有位明星，叫十三妹，她从一九六〇年开始写，到一九七〇年逝世，整整十年，红得发紫，每个星期收到的读者来信，都是一大扎一大扎的。当年没传真或电邮，读者只有用这个方式与作者沟通。

十三妹的特色，在于她对外国文化的了解，那个年代出国的人不多，读者都渴望从她身上得到知识，而且她的文字也相当泼辣，左右派都骂，看得大快人心。

在《明报》和《东方日报》的全盛时期，有倪匡、亦舒、黄霑、林燕妮、王亭之、陈韵文等等，百花齐放，这更是报纸畅销的主要因素之一。

外国报纸没有专栏，不靠专栏版吗？

那也不是，影响力没那么大罢了。他们的专栏一个星期一次，插在消闲的咨询中，没有特别的一页，也没那么多人写。成为明星的作家也有，包可华专栏是具有代表性的，在他出现之前或之后，也看不到有哪个人可以代替。

说回香港，专栏版的形成，被很多所谓严肃文学的作者，批评为因编辑懒惰，把文章分为方块，将作者来稿塞了进去就是，故也以豆腐块或方块文字来讥讽。

但不可忽视的，是中国香港的这种风气，影响到全球华文报纸，当今几乎每一家都刊有此版。最初是新加坡、马来西亚、泰国一带，多数报纸把中国香港报纸的专栏东剪一块、西切一块填满，也不付作者稿费。

有一回我去追稿费，到了槟城，找到报馆，原来是在一座三层楼的小建筑里面，一楼运输发行，二楼印刷，三楼编辑和排字。因受当地反华的影响，读者又不多，报馆刻苦经营。我看到了心酸，跑上三楼，紧紧握着总编辑的手，道谢一声算数。

那个年代，到了泰国和越南一游，都遇同样刻苦经营的华文报纸，很多要靠连载小说的专栏才能维持下去，而被盗窃最多的，当然是金庸、梁羽生、古龙和倪匡的作品，亦舒的小说也不少。

当今，这些报馆已发展得甚有规模，有些还被大财团收购，当成与中国内地经商的工具之一，实力相当雄厚，如果不追稿费就不行了。虽然只是微小的数字，至少到当地一游时，可以拿稿费吃几碗云吞面。

除了东南亚，欧美的华文报纸，都纷纷推出专栏版。当今懂得什么叫本土化，多数是当地作者执笔，发掘了不少有志于文化工作的年轻人，这亦是好事。

说到连载小说，昔日专栏版，是占重要位置的。但因香港地区的生活节奏快，人们看连载小说的耐性已逐渐减少。金庸先生封笔后，也逐渐在专栏版中消失。

至于台湾地区，报纸上的专栏版也相当重要。他们有专人负责，都是到世界其他地方去读怎么编这一版位的，文章长短，每日排版不同，并非以豆腐块来填满。

这种灵活性的编排十分可取，也适合于台湾地区那种生活节奏较慢的社会，读者可以坐下来静静看长篇大论的文章，但这种方式一搬到香港地区来就失去意义，而且作者不是天天见报的，就没有了亲切感。

香港的豆腐块，像一个大家庭，晚上坐下来吃饭，你一句我一句，众人都有不同意见，有时话的也只是家常，但主要是一直坐在旁边讲给读者听。有一日不见，就若有所失。

有一次在某报写专栏，一个新编辑上任，向我说："不如换个方式来写。"

我懒洋洋地回答："写得那么久，如果在饭桌上，我已经是一个父亲，你要把你的父亲改掉吗？"

如何成为专栏作家（下）

"你写了那么多年专栏，为什么不被淘汰？"记者问。

这个问题问得也好。

长远写了下来，不疲倦吗？我也常问自己。我也希望有更多、更年轻的专栏作者出现，把我这个老头赶走。

"当今的稿费好不好？不写是不是少了收入？"

在香港文坛，专栏作家的收入，到了今天，算好的了。但我们这群所谓的老作者，都已有其他事业，停笔也不愁生计。

专业写作的当然有，像李碧华，但她也有写小说和剧本的丰收。亦舒的专栏很少，她还要每天坐下来写长篇小说，是倪匡以外的少数以笔为生的一位人物。

我从不以为一代不如一代，也不相信青出于蓝而胜于蓝，新的专栏作者一定会产生，但是要写专栏的话，就要从知道什么是专栏的精神开始。

这种神髓，主要来自耐看。举一个例子，像一幅古代的山水画，很平淡，越看越有滋味。岭南派的画，非常逼真，即刻吸引人家看，但始终不是清茶一盏，倒像浓咖啡和烈酒，喝多了生厌。

作者要有丰富的人生经验，一样样拿出来，比较容易被接受。有几分小聪明，一鸣惊人，但所认识的事物不多，也不是理想的专栏作者。有一次出现了一个人，写得十分好，但金庸先生很了解这个人，说："看他能写多久。"

果然，几个月下来，十八般武艺已用光，自动出局。

作者需要不断地吸收，才能付出，要不耻下问。旅行、交友、阅读、戏剧、电影、绘画、音乐等等，是基本的条件。专栏作者和小说家完全是两码事，后者可以把自己藏起来，编写出动人的故事，但是前者赤裸裸地每天把生活点滴奉献给读者。想过什么、做过什么，都在每天的专栏看得清清楚楚，是假装不出来的。

为什么好作者难出现，这和生活范围有关，有些人写来写去，都谈些电视节目，那么这个人一定是宅男或宅女，即使不讲连续剧，也只剩下电子游戏了。

有些人以饮食专家现身，一接触某某料理，就惊为天人，大赞特赞，也即刻露出马脚。

更糟糕的是，写自己的父母、兄弟姊妹、子女、亲戚，甚至家中的猫猫狗狗，一点友人的事迹也不提。这个作者一定很孤独，孤独并非不好，但他必须有丰富的想象力，不然也会遭读者摒弃。

我们这些写作人，多多少少都有发表欲，既然有了，不必扮清高，迎合读者不是大罪。

"作者可以领导读者。"有人说。

那是重任，并非被歧视为非纯文学作品的人应该做的事，让那些曲高和寡的大作家去负担好了。专栏，像倪匡兄所说，只有两种，好看的和不好看的。道理非常简单，也很真。

真，是专栏作者的本钱，一假便被看穿，如果我们把真诚的感情放在文字上，读者也许不喜欢，可是一旦爱上，就是终身的了。

"如果你籍籍无名，又没有地盘，如何成为一个专栏作家？"这也是很多人的问题。

我想我会这么做：首先，我会写好五百字的文章，一共十篇，涉及各种题材，然后寄到香港所有报纸的副刊编辑部去，并注明不计酬劳。

写得不好，那没话说了；一精彩，编辑求也求不得，哪有拒绝你的道理？很多副刊的预算有限，更欢迎这种廉价劳工。

一被采用，持不持久，那就要看你的功力了。投稿时，最忌把稿纸填得满满的，一点空格也没有。这等于下围棋，需要呼吸，画画也得留白呀。一篇专栏，也可以当成一幅漂亮的构图来欣赏，如果你写久了，就能掌握。

或者，换一个方式，十篇全写同一题材。以专家姿态出现，像谈摄影、相机、计算机、市场趋向、全球大势、今后发展等等，也是一种明显的主题。

既然要写专栏，那么记得多看专栏，仔细研究其他作者的可读性因素何在。开始时，我先拜十三妹为师，她是专栏作家的老祖宗。未见本人，读遍她的文字，知道她除了谈论国际关系、文学、音乐、戏剧之外，也多涉及生活点滴，连看医生、向人借钱，也可以娓娓道来，这才能与读者融合在一起。

每次下笔，我都想起九龙城"新三阳"的老先生。他每天做完账，必看我的专栏，对我的行踪了如指掌。当我写外国小说、电影和新科技时，我会考虑老先生对这些是否有兴趣。

所以，这些题材我偶尔涉及，还是谈吃喝玩乐为妙，这到底才是生活。像我和经常光顾的肉贩交谈，他说："我昨晚看了你监制的三级片，和老婆不知多快乐！"

这种快乐，就是好看了。

喜欢的字句

为了准备二〇二〇年四月底在新加坡、马来西亚举办的三场行草书法展，我得多储备一些文字。发现写很容易，但要写些什么，又不重复之前的，最难了。

"岂能尽如人意，但求无愧于心"等字句，老得掉牙，又是催命心灵鸡汤，最令人讨厌，写起来破坏雅兴，又怎能有神来之笔？

记起辛弃疾有个句子，曰："不恨古人吾不见，恨古人不见吾狂耳。"很有气派，由他写当然是佳句，由别人写的话，就有点自大狂了。

还是这句普通的好："管他天下千万事，闲来怪笑两三声。"已记不得这是谁说的，但很喜欢，又把原来的"轻笑"改为"怪笑"，写完自己也偷偷地笑。

讲感情的文字还是有较多人喜欢，就选了"只缘感君一回顾，使我思君朝与暮"。这句出自乐府《古相思曲》。原文是："君似明月我似雾，雾随月隐空留露。君善抚琴我善舞，曲终人离心若堵。只缘感君一回顾，使我思君朝与暮。魂随君去终不悔，绵绵相思为君苦。相思苦，凭谁诉？遥遥不知君何处。扶门切思君之嘱，登高望断天涯路。"太过冗长，又太悲惨，非我所喜。

关于写心态的文字，目前到我这个阶段，最爱臧克家的诗："自沐朝晖意蓊茏，休凭白发便呼翁。狂来欲碎玻璃镜，还我青春火样红。"

我也喜欢戴望舒的句子："你问我的欢乐何在？窗头明月枕边书。"

"故乡随脚是，足到便为家"是黄霑说过的。饶宗颐送他的一句话，影响了他的作品《忘尽心中情》，想起老友，也写了。

在中学时，友人送的一句"似此星辰非昨夜，为谁风露立中"，至今还是喜欢，出自黄景仁书《绮怀》，原文太长，节录较佳。

人家对我的印象，总是和吃喝有关，有关饮食的文字特别受欢迎，只有多写几幅。受韦应物影响的句子有："我有一壶酒，足以慰风尘。尽倾江海里，赠饮天下人。"

吃喝的老祖宗有苏东坡，他说："无竹令人俗，无肉令人瘦。不俗又不瘦，竹笋焖猪肉。"真是乱写，平仄也不去管它，照抄不误。

郑板桥更有："夜半酣酒江月下，美人纤手炙鱼头。"

不知名的说："灵丹妙药不如酒。"

有一句我也喜欢："俺还能吃。"

另有："红烧猪蹄真好吃。"

更有："吃好喝好做个俗人，人生如此拿酒来！"

还有："清晨焙饼煮茶，傍晚喝酒看花。"

最后："俗得可爱，吃得痛快。"

说到禅诗，最普通的是："菩提本无树，明镜亦非台。本来无一物，何处惹尘埃。"被写得太多，变成俗套。和尚句子，好的甚多，比如："岭上白云舒复卷，天边皓月去还来。低头却入茅檐下，不觉呵呵笑几回。"

牛仙客有："步步穿篱入境幽，松高柏老几人游？花开花落非僧事，自有清风对碧流。"亦喜。

布袋和尚的有："手把青秧插满田，低头便见水中天。六根清净方为道，退步原来是向前。"

禅中境界甚高的有："佛向性中作，莫向身外求。"都已与佛无关了。

近来最爱的句子是："若世上无佛，善事父母，便是佛。"

我的文字多是短的，开心说话也只喜一两字，写的也同样。

在吉隆坡时听到前辈们的意见，说开展览会叫售价要接地气，大家喜欢了都买得起，结果写了："懒得管""别紧张""来抱抱""不在乎""使劲玩"。四字的有"俗气到底""从不减肥""白日梦梦"等等。

自己喜欢的还有"仰天大笑出门去""开怀大笑三万声"

等等。

有时只改一二字，迂腐的字句便活了起来，像郑板桥的"难得糊涂"，改成"时常糊涂"，飘逸得多。"不吃人间烟火"，改成"大吃人间烟火"也好。

佳句难寻，我在惯例每年开放微博的一个月中，征求网友意见，若有好的意见，我送字给他们，结果没有得到，刚好我的网站"蔡澜花花世界"有批产品推出，顺便介绍了一下，便给一位网友大骂，说我已为五斗米折腰，其他网友为我打抱不平。我请大家息怒，自己哈哈大笑，改了一个字"喜为五斗米折腰"，这成为当年最喜欢的句子。

"厕所文学"

我出版过的书，三十多年以来，加一加，有二百本吧。这不是因为我多产，而是因为我写了很多专栏，结集成书。我从来没有为出书而写书，因为版税低得可怜，如果我不当出书是个副业，我这个花钱怪早就饿死了。

日本不同，版税高，印的数量又多，英美等国家更是厉害，如果我是当地的作家，也有一阵子可花。

回想一下，我的运气的确很好，做电影时遇到电影的黄金时代，出书时遇到出版业的黄金时代。当今，俱往矣。

有人问我："电影做了那么多年，为什么不继续做下去，你说的黄金时代已过，但是当今内地的戏，一卖钱就是几十亿元呀！"

此言不虚，但大家都举成功的例子，真正卖座的电影没多少部，成为炮灰的还是居多。我还是喜欢电影的，每天还在看影碟或在网上下载。但是，我对电影制作已经厌倦，我不喜欢看到某某作品这几个字。一部电影如果放到尾声，那么工作人员表不停地播放，一直要十分钟以上，这是成千上万人的团队作业，怎能称是某某人作品呢？出书不同，虽然有出版商、编辑、印刷等，但一本书可以写上某某作品，这是天公地道的。

我的书多数是香港天地图书出版社出版的，他们捧场，我也算是能够卖得出的。当今他们的书店里，有一个专柜，里面摆着的全是我的书，当然，我还是比不上亦舒的。

最早一本书叫《蔡澜的缘》，是香港博益出版社出版的。博益倒闭之后，我把版权要了回来，交给香港天地图书出版社重新出版，才算完整。

早期在香港天地图书出版社出版的书，都是以四个字为题的。这四个字和书的内容完全没有关系，像《草草不工》《不过尔尔》等等。后来又用有画面的四字为题，像《客窗闲话》《醉乡漫步》《雨后斜阳》等等，题字的都是我的父亲，我一直爱他老人家的字，后来家父逝世，才由我自己来题。

不过，我很欣赏宋体，也请出版社用古宋体来排，像《吾爱梦工场》等，都不是用书法为题了。

有些是集家父的字来出版的，像一系列的《一乐也》《一趣也》《一妙也》，集了家父的字，只换了一二三四五六七八九十，就是了。

内地的简体版书，最初只是盗版，也不知道卖了多少本。现在在签书会中，还是有很多读者拿盗版书找我签名，最初我不肯，后来这些书也成为绝版，签就签吧，感谢读者们还保留到现在。

内地出版业渐渐有了规模，肯给我一点版税。原先是在广东一带出版，出版社也乱七八糟地把几本书合成一本（内地的书要厚一点，香港的一百八十页左右，内地的有三四百页，而且字排得密密麻麻）。

近年来，上海、北京、青岛等地都出版我的简体版，印刷和排版越来越精美。最先有陈子善先生编的，由山东画报出版社出版，非常用心，我很感激他们，尤其是该社的高层徐峙立。

销路应该是不错的，从此不断地有出版社来商谈，我也来者不拒，继续让他们出版。

"出来出去，有些重复了，版权没有问题吗？可以一卖再卖吗？"有人问。

我写的都是散文，只要重新编辑过，而不是把别人编好的原原本本搬过来，就没有问题了。有些外国作家写了一两百篇散文，也被编为几十本书。散文就有那么一种好处，小说就不行。

生活·读书·新知三联书店要有系统地出书，其他的都是别人编的，他们要我自己编，叫《蔡澜作品自选集》，四本一套，在书脊上合起来，就可以看到一个"蔡"字，希望今后还可以继续下去。

多数出版社都多印一张白页，让我好为读者签名。还有一个毛病，就是爱用腰封，我对腰封这件事极为反感，书一到手，第一件事都是先扔掉它，成本贵又浪费纸张，很不环保。今后和他们签合同时，我要列明如果没有白页或乱加腰封，下次就加版税，一定可以杜绝，哈哈。

中国台湾地区也出了一些书，到底我的书是不适合他们胃口的。我曾经送了一些给我的亲戚，他们看完都来问我："是不是真的？"

真不真有什么要紧，好看才能卖钱嘛。

日本也出版了几本饮食指南的书，之前角川书店的老板角川历彦也来商讨，我把《一乐也》《一趣也》《一妙也》等三十本交给他们去选，把他们吓了一大跳。

有个记者来访问："你的书不是严肃文学，也不是流行文学，要归类在哪一种？"

我笑着说:"放在洗手间里,一次看一篇,吃了泰国菜、韩国菜之后,可看两篇,称为'厕所文学'好了。"

旅行与文化交流

访问

终于，北海道旅游团又出发了，香港人希望有个白色圣诞，那里保管有雪。

当地报馆派了一个记者来做访问。

问："从前在北海道，香港的游客很少，如今在商店街看到的都是香港人，你是从什么时候开始开发这条线的？"

答："五年前。国泰航空最后一班直飞的航班有位，问我们来不来？之前我又拍过一辑电视，雪中浸露天温泉，大家印象很深。我们一发起，就有很多人参加。"

问："后来国泰航空没有了直航呢？"

答："有时搭日航，有时用佳速，在东京或大阪转机过来，也试过坐港龙的包机去函馆，再来札幌。"

问："我这里有记录，有一年除了国泰航空，日航在圣诞节也有几十班包机飞来，我代表北海道感谢你们。"

答："多亏国泰航空大做宣传。他们恢复了直航，北海道变成热门的旅游点。"

问："你们的团友是怎么招募的？在报纸或周刊上登广告？"

答："要是在广告上花费太多，都要加在团友身上，做得越大越不是办法。"

问："那么，有什么其他的途径让客人知道有这个团？"

答："我们也去了其他很多地方，团友们参加后就变成知己会的会员。我们有张名单，通知各位后，经常满额。"

问："那怎么招新的？"

答："我们也有些广告，尽量少，和我合作的星港旅游是中国香港招待日本游客最大的公司，有三十多辆大小巴士在街上行驶。老板徐先生说干脆在巴士上打个广告，有报名热线，客人看到了就会打电话。这个办法很有效，我们这个团有一车客人就是这么来的。"

问："你和星港旅游是怎样的一个关系？"

答："徐胜鹤兄是我在日本留学时的同学，这是四十年前的事。我们组团来日本，他负责服务，我确定食物和住宿。没有他的关系和经验，我是做不来的。"

问："和其他旅行社怎么竞争？"

答："各有各的客路，我们是豪华线，大家都有生存的空间。中国人常说一句话，井水不犯河水。"

问："原来如此。井水不犯河水。"

答："我很忙，你还有什么要问的吗？"

问："夏天的北海道也很好玩，为什么你们夏天不来？"

答："到夏天，日本全国的游客都挤到北海道来避暑，酒店和餐厅都订满，我为什么要来和你们争？"

问："秋天也不错呀？"

答："可以选择的话，还是冬天好。你们冬天没生意做，我们来刚好，香港人对于雪还有一份迷恋。"

问："除了札幌附近的小樽、淀山溪和登别之外，你们还去过什么地方？"

答："阿寒湖这条线也是我们开发的，有一家叫鹤雅的旅馆，非常好。"

问："现在其他便宜的旅行团也去了。"

答："房间和吃的，我们是不同的。"

问："对。我看过你们的行程，住宿和餐厅都是一流的地方。我替你算过，你那个团费是亏本的。"

答："杀头生意有人做，亏本生意没人做。"

答："原来如此。杀头生意有人做，亏本生意没人做。这句中国话，说得好！"

旅行理念

问："你说你已经不会回答重复的问题，我记得你还没有说过旅行，我们聊聊这一方面好吗？"

答："一讲起旅行，许多人就会问我有什么地方没去过？真可叹。我没去过的地方多矣！每次坐飞机，我都喜欢读机内杂志，各国航空地图对自己国内航线的地图画得最清楚。我看到那些密密麻麻的小镇名字，就知道自己哪怕多活三辈子，也肯定是走不完的。"

问："你最喜欢的是哪一个国家？"

答："这也是最多人问的问题之一，和问我最喜欢吃什么地方的菜一样。我的答案非常例牌，总是说最喜欢吃的菜，是和好朋友一起吃的菜。最喜欢的国家，是有好朋友的国家。并非敷衍，事实也是如此，每一个国家都有她的优点和缺点，很难以一个'最'字来评定。"

问："最讨厌的国家呢？"

答："最讨厌那些海关人员给我嘴脸看的国家。老子来花钱，为什么要看你那不瞅不睬的嘴脸？你是官，管自己的人民好了。我是客，至少要有自己的尊严。"

问："那么下一次你就不会再去？"

答："不，会再去。每一个国家的人，都有好有坏，不能一棍子打沉一条船。"

问："像南斯拉夫那种穷乡僻壤，你也住过一年，为什么不选欧洲更好的国家住？"

答："那是为了工作，不得不住那么久，但是我也爱上你所谓的穷乡僻壤。住一个地方，越住越讨厌是消极的。发现她更多的优点也是另一种想法。所以我常说，天堂是你自己找出来的，地狱也是你自己挖出来的。"

问："怎样找？"

答："从食物着手是一个好的开始，有很多你没吃过的东西，有很多你没尝过的煮法，观察他们的生活方式，研究他们的历史，等等。这些都是空谈，最好的办法，是和当地女人交朋友。"

问："要是东西不好吃，女人难看呢？是不是可以举一个实例来说明？"

答："我到尼泊尔去，就能学习颜色的看法。尼泊尔一切都是灰灰、黄黄的，当地人也觉得单调，染出来织布的绳线颜色非常鲜艳和大胆。冲撞得厉害，也不觉得不调和，这对我画画很有帮助。"

问："从旅行中，你还能学到什么东西？"

答："学到谦虚和不贪心，我最爱重复的有两个故事。一个是我在印度山上，当地女人整天烧鸡给我吃，我问她有没有吃过鱼？她说什么是鱼？我画了一条给她看，说你没吃过鱼，真是可惜。她回答说，'我没吃过鱼，有什么可惜？'。另外一个故事发生在西班牙的小岛上。一早出来散步，我遇到一个老嬉皮在钓鱼，地中海清澈见底，我看到他面前的鱼很小，而另一边的鱼很大，我向他说，'喂，老头，那边的鱼大，去那边钓吧'。你知道他怎么回答？他说，'我钓的只是早餐'。"

问："去完一个地方，回来可以做些什么？"

答："最好是以种种方式把旅行的经验记录下来，能用文字的方式写出来好了。或者画画，不然用相机拍，总是要留些回忆，存起来在老的时候用。忘得一干二净的话，以后坐在摇椅上，两只眼睛空空地望着前面，什么美好东西都想不起，是很可悲的。"

问："你是不是一定要住最好的，吃最好的？"

答："旅行分层次，对于年轻时拼命吸收的旅行，任何条件都不在乎。就算头顶上没有一片瓦，背袋当枕头也能照睡。经济条件得到改善后，便要求吃得更好，住得更好，这是必然的。但是，你如果有了高级享受，就失去了刺激和冲动。每一个层次都有它的优点和缺点，不过一有机会便要即刻动身，不能等。"

问："对于目的地的选择呢？"

答："没去过的地方，哪里都好，可从到中国香港新界开始，再发展到中国澳门、新加坡、马来西亚和泰国，要避免去假地方。"

问："什么叫假地方？"

答："像日本九州岛的豪斯坦堡，很多中国香港的人去，我就觉得乏味，它是一个假荷兰，说是一切依足建筑，但是走进大堂，就看到'出口''入口'的牌子，还有'非常口'呢。荷兰人哪会用汉字？真正的荷兰，也不过是十二小时的直飞。世界已小，不能浪费在假地方上。"

问："到一个地方去，事前要花什么功夫？"

答："买所有的参考书来看，详细研究地理、历史、文化，去的时候遇到当地人，对他们的国家有所了解，这是一份尊敬。他们会更乐意做你的朋友，要是研究了但去不成，这也等于去过了。"

问："不过也有句古语说，行万里路胜过读万卷书呀！"

答："不对，读书还是最好的。读得越多，人生的层次越高，这是金庸先生教我的。他写小说的时候没去过北京，但书中的描述比住在当地的人更详细清楚。只要数据做足就是。高阳先生写的历史小说，很多地方他也没去过。日本有几本极畅销的外国旅游书，作者从不露面。新闻界追踪，最后在一个乡下找到他，发现原来他是一个从来没踏出过日本本土一步的土佬。"

问："有很多地方我也想去，但是考虑了很久，还是去不成，怎么办？"

答："想走就走，放下一切，世界不会因为没有了你而不运转的。说走就走，你没胆，我借给你。"

电视节目

问："你真人看起来比电视上瘦，是不是减肥成功？"

答："绝对不是，荧光幕是一个凸出来的东西，拍起来总比本人胖，所以那些骨瘦如柴的女演员，从荧幕上看，就正常得多。"

问："你一共做了多少电视节目？"

答："三个。最初的那个节目叫《今夜不设防》，和倪匡、黄霑一起。那是十多年前的事了。"

问："《今夜不设防》做了几辑？"

答："一辑有十三个礼拜播送，做了两辑，二十六次。"

问："现在回放《今夜不设防》，当年你看起来很瘦。"

答："那不是我，是我的'儿子'。"（笑）

问："这个节目是怎么构思出来的？"

答："当年，倪匡常请黄霑和我去夜总会，三个人玩得很高兴，那些陪酒的女人都笑得七颠八倒。倪匡兄请了几次，我们当然要回请他。一付钱，才知道一晚要花近两万港元，肉痛死了。酒又不是最好的，女人多数不好看，还要我们讲笑话给她们听！不甘心，不如把构思卖给电视台，黄霑拍胸口去讲，一谈即合，变成清谈节目。酒是马爹利（Martell）和奥达（Otard）赞助的 XO，漂亮女明星当嘉宾，我们照常讲笑，还有钱拿。每次出粮，都心中有愧。"

问："倪匡的广东话，真难听懂。"

答："他的思想比言语快，所以像机枪那么哒哒哒，再标准的广东话也没人听得懂，弄到有时要打字幕。黄霑和我常笑他，说有人找他拍法国电视的节目。他说他不懂法文，谁听得懂？黄霑和我说，'反正你的广东话也没人能听懂，做法国节目就做法国节目吧'！（笑）不过，听惯了，还是听得懂的。"

问："你们怎能在节目中既吸烟又喝酒，还骚扰女明星？"

答："当年香港电检处比较松，节目又在深夜播出，所以我们放肆了一点。英国广播公司（BBC）曾经派一队外景队来拍摄我们的节目，说我们的节目是全世界最自由奔放的。"

问："到底是现场直播还是后来剪辑的？"

答："当然是后来剪的。有些内容大胆得令人难以置信，我们又粗口满天飞，直播还得了？通常录像要录两个小时，第一个小时是热身运动，第二个小时才进入戏内，用的多数是后半段。"

问："到第二个小时，是不是都喝醉了？"

答："唔。"（笑）

问："你们三人，到底哪一个的酒量最好？"

答："倪匡第一，我第二，黄霑最差。他喝醉了喜欢脱衣服，有一次现场表演，脱得只剩内衣裤，胖嘟嘟的，全身通红，很可爱，像红孩儿。"

问："能喝多少？"

答："嘉宾喝的不算，我们三人在二十分钟内，绝对喝得了一瓶白兰地。一晚录像下来，喝两瓶半是常事。"

问："现在你们的酒量还行吗？"

答："不行了，我只喝一点啤酒和红酒，黄霑不能沾，他有痛风。你知道什么叫痛风吗？喝了酒，风一吹来，脚都会剧痛，叫痛风。倪匡也不喝了，不过我去旧金山找他时，高兴起来，我们也喝了一瓶墨西哥特基拉。"

问："嘉宾的谈话，怎么那么开放？"

答："因为是录像，我们答应她们，事后给她们看，要是她们觉得太过分，可以删剪。但是，录完之后，她们都说不必再看了。像有一集和惠英红谈天，她说'大家都知道我不是处女'，说完当场觉得不太好，要求我们剪掉，但是后来老酒喝了两杯，她说算了算了，剪什么他妈的。"

问："怎么嘉宾上你们的节目，都穿得性感？是不是你们指使的？"

答:"绝对不那么无聊。说也奇怪,大家都自动地穿得少一点,林青霞也是,钟楚红也是。"

问:"谁的话题最有趣,谁的话题最闷?"

答:"成龙的话最多,他一共上了两次,每次都是他讲,我们三人没份,他的娱乐性高。我们不出声也已经是一个好节目。张国荣的谈话也很坦白,刘培基也是。如果大家仔细听,也可以听到他们的心声。利智问什么也问不出一个道理,周润发也是,都很懂得保护自己。最过瘾的是王小凤,她也上了两次。"

问:"有没有印象最深的?"

答:"是叶子楣。我们做过一集叫《金装今夜不设防》的,以一私家游泳池做背景,当晚她穿了一件全新的晚礼服,我们三人喝醉了把她投进游泳池里面,全身湿透,她也没有动怒,笑嘻嘻地把节目做好。当时,我们已经知道她一定会红透半边天。"

问:"最后一个问题,你可不可以坦白地透露当年你们拿多少片酬?"

答:"到我这个年纪,不说真话不舒服。当年,我们每人每集拿六万港元,合一百万日元。日本当红的艺人听到后,都呱呱大叫,他们只拿二十万日元罢了。不过,我们自己掏腰包给嘉宾送礼,有时送两万港元给他们。"

问："你在《蔡澜人生真好玩》那一辑中，有个环节是你自己表演烧菜，你到底是不是真的会煮几手？"

答："我在《饮食男女》杂志每周一次的示范，你还可以说我叫别人烧的，拍几张照片来骗人，但是电视节目从头到尾亲自做，怀疑我的能力做什么？"

问："那个厨房是不是你的家？"

答："布景。我的厨房没那么豪华。"

问："嘉宾有时也烧菜，哪一个最好？"

答："陈小春。他学过艺，炒的菜心是整颗上的，这是厨房佬的手法。家庭里炒菜心，一定是折断或切开了才下锅的。"

问："在第三辑的《蔡澜叹世界》中，你去哪里找到那么多好吃的东西？做这个节目有没有压力？"

答："压力一定是有的，我是怕做得不好。因为环境和人为的因素，预期的东西表演不到位时，我就要随机应变了。但往往我要想破了头。像有一集，到了鸵鸟园，有什么好拍的？炒鸵鸟蛋，外国饮食片集都出现过，怎么办？前一晚一夜睡不着，忽然头上的灯叮得一声亮。有了，到了现场，我用鸵鸟蛋来做茶叶蛋，那么大的一个茶叶蛋，观众就会看得发出哇哇声，一个节目中有一两个哇声，就成功了，这和拍电影一样。"

问："皇帝蟹吃法也是你想出来的？"

答："是。皇帝蟹很大，斩件来焗姜葱，就没有什么看头。

我本来想整只蒸，和主持李珊珊另加四位港姐，一起吃六只那么大的皇帝蟹，观众看了就会发出哇的一声。但是，皇帝蟹很贵。因为预算有限，节目组只给我两只。我又想破了头，结果把一只的壳拆空了，当成锅，注入矿泉水，下面烧火，等水滚透了，再把另一只的肉打成蟹丸，用来吃火锅，看起来就豪华、奢侈，观众又会发出哇的一声。有预算时，就以本伤人，像把很大只的鲍鱼拿来当串烧三兄弟，或者把几十只龙虾弄成沙爹一样烤，这才有看头。"

问："节目中，你老兄带一群美女，羡慕死人，观众看你有得吃、有得玩，到底你玩不玩？"

答："食物和美女，永远是一个不败的因素。我一生做的是娱乐事业。如果你开一家杂货店，难道要把每一颗糖都打开来试一试不成？好在我干电影干了四十年，没有绯闻，记录良好，不然谁敢跟我去？"

问："和那么多女人在一起，没有麻烦？"

答："没有，互相尊敬就是，不过要忍受的是听她们讲对方的坏话。"

问："嘉宾是你自己选的？"

答："有一些是，但大多数是电视台安排的。"

问："有没有意外的惊喜？"

答："惊喜没有，意外倒有。她们不在镜头前出现时喜欢以真面目示人。有几位在机场才见面，她们伸出手来自我介绍，我是某某某，我差点冲口而出：你是某某某的保姆呀！好在我收口收得快，不然闯祸。"

问："资料搜集是谁做的？"

答："通常是我自己做的，多数地方我去过。列一名单，先叫助手和导演、摄影师去探路，让他们把数据传真回来，我再作删增，才去拍摄。香港太古旅游公司的李瑞芬女士也帮了不少忙，她现在负责 tom.com 的网上旅游。"

问："和工作人员有没有摩擦？"

答："工作起来，摩擦避免不了。有些资料搜集员写了很幼稚的对白让我说，我把稿子丢掉，伤了他们的心。他们就联合起来给电视台打我小报告，我也一笑置之，大部分的资料搜集员还是好的。"

问："两个女主持，你对她们的印象如何？"

答："李绮红有观众缘，说广东话带点鬼腔，反而得人心。李珊珊很努力地把节目做好，她本来是个素食者，做了我的拍档后大鱼大肉，连生东西也往嘴里吞。我像教女儿一样把人生哲学说给她听，她也虚心学习。"

问："你和她们浸温泉，有没有……"

答："大家都包了一条毛巾。"

问："但是在换衣服的时候，有没有偷看到？"

答："男人在这时候看女人，不叫男人，叫爬虫。当女人大大方方给男人看的时候，男人看她们，这才叫男人。"

问："在那么多的嘉宾之中，你认为谁是大美人？"

答："个个都是，不然怎么上得了我的节目？关之琳美得令男人自惭形秽。李嘉欣也是，拍北海道那一集时还自掏腰包请了私人化妆师和发型师。说到女人时，陈妙瑛不上镜时常被一班男工作人员围着。郭羡妮也带着这股味道。"

问："你认为这些旅游特辑中有没有缺点？"

答："有。在欢乐中少了淡淡的哀愁，那是旅行中人常有的一份寂寞感。"

问："问你一个题外话。为什么你老在文章中自问自答？"

答："这些都是综合了看完节目后大多数人的问题，作解答。还有，我今后会将丰富的资料做一个网站。网站的特点是即问即答，不然单薄的内容和迟久不覆，会令上网的人看一次就再也不浏览了。从来没人问的问题，我立即回答；问过的问题，我就可以由帮手从数据中抽出来响应。这样我还能赚稿费，一举数得，何乐不为？"

日文书序

到了出国留学的年龄，母亲问我决定去哪里。一向对绘画有浓厚兴趣的我，当然要求去巴黎。妈妈一听直摇头："不行，不行，你那么爱喝酒，去了一定变成酒鬼！"

不去就不去，那么去日本吧，我说。当年日本电影中，出现石原裕次郎和小林旭影片的银座，灯光最灿烂，令人向往！

好，家母说："至少日本人也吃白饭，你去那里，我放心。"

嘻嘻，她没有想到的是米也能酿造一种叫清酒的东西。

来到东京，我每天躲在戏院中，把《红之翼》看了又看，至少看过一百遍，日语顺理成章地流利起来。一面念书，一面工作，当了邵氏公司的驻日本代表，主要工作是买电影版权，配上中文，在东南亚上映，我选的《座头市》卖了个满堂红。

日本人有款待生意对象的传统，我虽然是一个年轻小子，但买的片子越来越多，日本五大公司和外国部长，甚至他们的老板，像松竹的城户先生、大映的永田先生，都很喜欢我，常请我吃饭。我对日本料理的认识，从此培养。东映公司旁边的次郎寿司，更是家常便饭。

那是电影的黄金时代，观众对新戏有永不满足的需求。制作费变成不是第一件要考虑的事，中国香港电影的剧本，一遇到有下雪的场面，就跑到日本来拍外景。工作上一切的安排，由我负责，我结交了许多优秀的工作人员。

当年要求的是量，而不是质，中国香港电影一般要六七十个工作日才能完成，我就向邵逸夫先生提出，不如整部戏来日本拍，这里平均的速度是二十个工作日。我们开始从中国香港派来三四个主角，其他都用日本人完成，结果拍了多部香港片。

我在日本这么一住，就住了八年。离开后，我前后担任邵氏的制片经理、嘉禾的制作副总裁。电影之外，我也开始在报纸上写专栏，以我的旅行、饮食及喝酒为主题。每天的专栏结集成书，几十年下来，一共出版了两百本以上。

因为卖成龙电影的版权，我和富士电视结上缘分，其间也由我监制，我还和富士电视合作了《孔雀王》等片子。

富士电视请 Beyond 乐队上节目时，发生了意外，主唱黄家驹由舞台跌落死亡，富士电视很负责地来香港替他安排葬礼，他们人生地不熟，一切善后事也都拜托我去办。

后来富士电视拍《料理铁人》香港篇，也请我去当评审。我一向有什么说什么，不太有顾忌。在日本人看来，我较为特别，他们也给了我一个"辛口"（Karaguchi）的绰号，我得到了观众的赞许。什么时候，实话变成"辛口"？这也是好笑的事。

之前日本有一些重头的比赛，请来名厨，也特地把我请去当评审，因此我结交了许多饮食界的朋友。当大家知道我不拍电影，转而举办美食旅行团时，他们也给了我很多的协助。

其间我也主持过中国香港的美食节目，到世界各地去。拍得最多的还是在日本，因为我对日本最为熟悉。记得早期的北海道，是日本人在夏天才去的。冬天大雪，他们看惯了，也就不感兴趣。

我的电视节目，第一个拍摄地就是雪中的北海道，找到淀山溪的一个大露天温泉，虽然不是男女共浴，但为了节目好看，我和一群美女去浸，结果大受欢迎。国泰航空本来停止直飞的航线也恢复了，北海道从此变为中国游客最喜爱的观光地之一。

我们从此开发了冈山县的水蜜桃、山形县的清酒、福井县的螃蟹、新潟的新米等等旅行团，吃的、住的都是一流的，结识的朋友也越来越多。他们都知道我也出版过著作，但从来没有机会看过。

前段时间，我接到通知，我在日本办公的秘书市川荣因病逝世。她是一个很爱看书的人，尤其是散文作家的书，而我写的亦是随笔。为什么她在世时，我没有机会让她看一看？

还有一位好朋友羽仁未央也走了，她一直向我提起应该把我的书翻译成日文出版。这令我下了决心，当认识多年的角川书店老板角川历彦来香港时，我向他提出这个愿望。我们吃饭时，我常说一些我旅行中的趣事给他听，逗得他哈哈大笑，所以他对我的文章有一定的信心。他一听即刻叫好，说书名就叫《给我的日本朋友》。接下来的问题是由谁来翻译，我一想就想到新井一二三。

日本人之中，能讲流利的中国话的很多，但是能写的就少之又少。新井一二三本身就是一位很优秀的作家，出版过多本日文书，以中文写作的更多，当今在大陆和台湾都有名气。这个工作交给她最为恰当。我告诉她，请她在翻译时做大刀阔斧的修改和润色，这才是翻译的精髓。

另一位很重要的朋友，是我在留学时结交的村冈久美子。她是一位长居法国的诗人，最近惊闻她的记忆力衰退。在这本书出版时，我将亲自拿一本到她当今寄居的休养院给她一读，希望她能记得我这个老友。

谢谢各位的阅读，我的书能够轻轻松松地看完。在中文的出版界中，我的书从不属于正经和严肃的书。

吉隆坡书法展

很久没去吉隆坡了，说很久，也不过是一两年。

吉隆坡既是我人生第一次旅游的城市，也是我第一次入住旅馆的地方。我爱上了那洗得干干净净、浆得笔笔直直的床单，从此染上放翁癖。

随着去了又去，念中学时还爱上一位住在半山芭（Pudu Road）的女友，情书不断，一到周末便和友人偷了他妈妈的汽车，一路从新加坡开往吉隆坡。

武吉免登（Bukit Bintang）的联邦酒店（Federal Hotel）刚开业时便入住，半夜到达时去对面的停车场吃"流口水"的福建炒面，比"金莲记"的更精彩。

湖滨公园中有一档烧鸡店，特别受欢迎，入夜只点蜡烛，幽暗气氛下的味道最佳，叫侍者也不必呼喝，只要轻轻地把铁匙敲着咖啡杯，对方即刻出现。

出来工作后，我被邵逸夫派去发展马来西亚的电影事业，和诸多中国香港及日本导演拍了不少极卖座的片子。

后来从电影转到旅游，我也带过无数的团到马来西亚各地吃猫山王榴莲和黑刺榴莲。到了圣诞节，更上金马仑高原感受寒冷的气氛。

如果能领取双重国籍的话，我一定入籍马来西亚。现在于市中心也买了一套房子，听起来好像惹人羡慕，其实那边的房地产便宜得令人难以置信，买得起的人一大把。

这回重游，目的和过往完全不同，我是准备去开书法展的。为什么胆子那么大？我在马来西亚有一群广大的读者，都是数十年前一位位"赚"回来的。他们看了我的专栏，买了我的书，虽然那些都是盗版的，这回让他们买一些真迹。

我也明白在马来西亚做文化事业不易，所以不大去追究版权。有一本盗《荤笑话老头》的缩小版，印刷精美，方便携带。我一直追查盗版者是谁，准备向他答谢，后来才知道是一个和尚，但他怕我告他，逃得无影无踪。

第一次感觉到马来西亚读者的热情，是在一九九五年七月三日那天，《中国报》租了马华大厦的三春礼堂，可以坐两千人以上，为我举行了一次讲谈会。

当今，苹果旅游公司总经理的王引辉记得很清楚，告诉我当年他还带了女朋友（现在的太太）一起去听。我没做过此类的公开演讲，怕到时忘记要讲些什么，像做电台时的"死空气"，只有把香港口才伶俐的老友何嘉丽带了去，让她做司仪，也以防我口哑时她可以多插一把口。

当晚我早到会场，天下着雨，当时只有三两个人来到，想不到近开场时，不但座位和梯阶坐满了三千人，更开放了楼上的视听室六百位，这已是四分之一世纪之前的事了。

经济逐渐转佳，出版事业也踏入正途，第一家付版权费的出版商叫"青城"，老板何慕杰后来也成了我的好友。向他提起书法展时，他拍胸口说将它办好。

在什么地方举办？我一下飞机，他就带我去看会场。看过好几个经常举办的会场后，我有个初步的印象。

到了晚上，我设一桌，宴请各方传媒，还有时常去书画展的好友，共同商议并向他们请教如何定价才不会不接地气。

最后，综合大家的意见，还是在"中华大会堂"举行较佳。地方我看过，甚有气派，而且前辈们的展览也多在这里办，就那么决定下来，时间定在二○二○年四月二十八日至三十日。

大多数会场得搭架子才能挂画，要准备的东西太多了，距离现在还有点时间。怎么装裱？入镜框好还是当挂轴好呢？字写完在哪里裱？怎么运到？这些都是一重又一重的问题。

好在集合了前几次的经验，有点头绪。我生意上的拍档刘绚强有办理这种事的特别人才，一位叫杜国营的是裱画专家，即刻安排他走一趟，观察各方面的难题，如灯光等等，研究后再向我汇报，一点点地按部就班处理。

在吉隆坡开完去槟城开，如果时间上配合得了，接着就会去新加坡展出。

我在家休息的这段时间，每天写，一不合心意即刻撕掉。从前藏下来的宣纸已用光，不买新的话不知价钱，发现便宜一点的纸，都不吸墨了，有的简直会把好笔磨坏。

不过，不管那么多了，有多贵买多贵的，如果字写得不好，至少纸、笔、墨都要一流的才对得起人家。至于内容，还是依照上几次的展出，以轻松的字句为主，说教性的一律不写，古板的也不写，心灵鸡汤式的更是讨人厌，当然不写。

每次和同好集会，都会问他们有什么好玩的句子，这回也得到几个，分别是"一向不正经""只限土豪""大吃人间烟火"等，好玩好玩。

顶级榴莲团

内地比较大的旅行社携程找我合作，说"去哪里随便你"。我一想到现在正是榴莲成熟的季节，就决定去马来西亚。行程和团费一公布，我也认为有点高了，但内地富豪极多，也不会觉得这是怎么一回事吧。

结果参加的人数只有十六人，这倒轻松得多，吃饭时弄一大圆桌，大家交谈起来也方便，团友们都是知道价值而不惜价钱的人，斯斯文文，聊得不亦乐乎。

由五湖四海飞到槟城集合，下榻我最喜欢的 E&O 酒店。这是亚洲"三大贵妇"之一，其余两家为新加坡的莱佛士和曼谷的文华东方，都是昔时贵族文豪和明星的首选。

我被安排入住鲁德亚德·吉卜林（Rudyard Kipling）套房，他的作品《丛林之书》（*The Jungle Book*）我从小读，对我的写作生涯影响极深。我永远也达不到他的水平，能住一住他住过的房间，也算是缘分。

酒店花园有棵双人合抱的大树，老友曾希邦和我一起在树旁拍过照片，不免流连徘徊一番，当今人已离去，树还在。

晚上去一家叫"天天鱼"的餐厅吃海鲜，老板兼大厨的年轻人史蒂夫（Steve）是我上回来槟城时认识的，现在已拥有几间大餐厅，我也不必大老远地跑到极乐寺附近的老店，新餐厅就开在市中心，离酒店十分钟左右，大吃他煮的海鲜，什么都有，鱼、虾、蟹一盘又一盘，吃得大家饱饱地回房睡觉。

第二天进入精彩时刻，到老友苏建兴的榴莲园去，搬出来市上极少量的榴莲品种"黑刺"，而且是八十年和四十年的两种老树，是榴莲之中的路易十三和XO。黑刺肉厚、味浓，长得圆圆满满，不像猫山王那么歪歪扯扯、果粒少，一个榴莲至少有二十多颗果实。一般人吃上一个已饱，我们冲着榴莲来，吃个不停，一个人吃上三四个。苏建兴又拿出其他标青的品种来，像D24、D101、D197，都由老树长出，大家几乎尝遍所有最好的，都说今后不会再去吃泰国榴莲了。

其实，泰国榴莲和马来西亚榴莲的最大不同，在于前者是未熟时从树上摘下的，等至闻到果实香味才吃；马来西亚榴莲是树上熟后掉下的，最新鲜、味浓，并非泰国榴莲可比。

接着，苏建兴接枝的新品种要我命名，取之为"抱抱榴莲"，要等到五六年后才能吃出什么味道。

中饭就在园中的马来西亚大宅旁边进食，由马来西亚大厨烤出各种沙爹和炒小菜，我最欣赏用发酵过的榴莲制成的酱蒸出来的各类菜式，简直可以用"惊艳"二字形容。

晚上，苏建兴从婆罗洲运来一尾十几斤重的野生"忘不了"鱼，市面上要卖到三万多港元，鱼鳞巨大，每一片下面都黏着鱼油，肉质香甜无比。我告诉大家上次和倪匡兄吃到的故事，他老人家说张爱玲最爱鲥鱼，但天下恨事为鲥鱼多骨，这尾忘不了，比鲥鱼还鲜，又没骨。

第三天，南下怡保，吃沙河粉。怡保的水质最佳，故美人多。令人印象深的是，不只河粉既滑又嫩，而且所长的豆芽肥肥胖胖，不吃到你不相信，这是天下最美味的豆芽。

到了吉隆坡，大家赶着时间去购物，我走进百丽宫（Paragon）中心的 British India（英属印度），打算买几件新衣。这家店的麻布最为高级，都可水洗，而且越洗越漂亮。衣服价钱虽贵，但比欧洲名牌便宜许多，很值得买。多年来，我一直买个不停。

晚上的菜有野生甲鱼、山鹿肉和鲨鱼嘴等等，大家赞不绝口。

在市中心的丽思·卡尔顿酒店住了一夜，第四天精神饱满，进入高潮，到离吉隆坡不远的榴莲园去吃猫山王。这是一个叫"松岩"的庄园，马来西亚华人藏龙卧虎，极懂得享受。有一位叫郑志根的华人，在一座高山山头建立了一个有机榴莲园，环境山明水秀，非常幽美，山头有他的私人别墅，另外有多栋独立建筑用于招待客人。

山中本来就有的榴莲老树保留了下来，都是野生的，新种的更是没有人工肥料或杀虫剂。结果后的榴莲有三分之一被果子狸或果蝠吃去，有些剩下一半的拿来给我们享受，特别香甜，动物的确比人类会吃。

　　而且，榴莲分等级，长在平地的最低级，长在半山腰的较高，长在山上的才完美，那里的都是我们吃过之中最香、肉厚、核最小的品种。我们十六个团友，吃了四十公斤，还没加上已改种的，像味道不同的大树菠萝和红色肥蕉。各种释迦，长出角来，也是从来没尝过的，带点酸，喜吃甜的人可以蘸当地的蜂蜜，包你没试过，那是从一种不会刺人的蜜蜂蜂巢中取出来的。

　　郑志根先生叫我下回来住几天，山上温度清凉，一点也不热，又没有蚊子，可以考虑。他还叫我为一棵新品种的猫山王榴莲树改名，我命名为"抱猫树"。

　　最后一顿晚餐，我们步行三分钟到丽思·卡尔顿酒店附近餐厅去。那里的大厨兼老板的名字我忘了，大家都称他为"大鼻"师傅，因为他的鼻子特别大。他是吉隆坡做中国菜做得最好的师傅，第一道拿出来的汤就令团友折服，那是用胡椒粒清炖出来的野山猪脚汤。

　　翌日早上，去"新峰"吃肉骨茶，老板是老友，拿了很多他种的"竹脚"品种。我们虽已大饱，但还吃个不停。

　　中饭又到杨肃斌开的"十号胡同"，吃完各种东南亚小吃才上飞机。

　　这一个团没有一个人嫌贵，都说物有所值，自己拿出再多的钱，也没有办法将那么多品种的榴莲一块吃到。还有，最重要的，是得到那么多人的热情招呼和尊敬。

如果大家有兴趣，可联络做地接的"苹果旅游"尊贵外地团高级经理廖秉晟。

准时癖

守诺言和守时，是父亲从小教我的。

前者很难做到，但我一生尽量守着，后者还不容易吗？先要一个准确的钟表。

钟表真靠不住，习惯才是最准的。小时候，我看过一部叫《蓝天使》（Der Blaue Engel）的电影，老教授每天准时上班，广场中的人与钟楼对比，发现他不差一分一秒。一天，时间到了，人们为什么还看不到老教授？等到他出现时，人们才知道广场上的钟塔时间快了，大家又拿出怀表来校准。

我一直想当那个老教授，也一直追求一个完美的钟或表。当年世上已有不必上链的自动表，我要出国留学了，父亲买了一块送我，是"积家"（Jaeger LeCoultre）的，还有闹钟功能。

这块手表陪伴了我多年，带来不少回忆，像亦舒的赞美，喝醉了把表扔入壶中做鸡尾酒等等，我在以前的文章中写过，不赘述了。

手表遗失后，我一直想要买回一块，近来在广告上才看到该公司已复古生产。当怀旧，表名叫"北极星"（Polaris）。二十世纪六十年代，香港最早的迪斯科也以此为名，得知后一直想再去买一块。想呀想呀，终于忍不住，月前买了一块。

戴在手上，我才知道那个闹钟声并不像我记忆中那么响，几乎听不见，也忍了。这几天，我才发现它忽然停了下来，秒针虽然还在走，但发神经，时快时慢。

记得最后一次用机械表，是因为我看中了电管发光，在黑暗中可以照到睡在身边的人的面孔，实在喜欢得要死，但这种表不准。我拿去给师傅修理，他回答说："蔡先生，机械表都是这样的，不管多名贵，一日总要慢个几秒，加了起来，慢个十分八分钟，不用当一回事。"

天呀！我这个慢一分钟都不能忍受的人，怎么可以不当一回事？友人和我吃饭，迟了五分钟不见我，马上打电话来提醒我有约会，因为他们知道我从不迟到。

还是戴回电动表，电动表最准、最可靠了。

"星辰"石英表准得不得了，后来更进一步，生产了电波表。在世界上建几个发出电波的铁塔，每天校正时刻，而且还是光能的，只要有光的地方，不管是阳光还是灯光，都能自动上链。

但是，在收不到电波的地方又如何？他们再推出了用GPS（全球定位系统）来对时的手表，这本身就是一个迷你收发站，

全自动调节时刻，就像 iPhone 一样，在世界上任何角落，都
能显示最准的时刻。

"那么你为什么不干脆买一块 APPLE 手表呢？它连心跳
也能计算得出来。"友人说。

当然我也买了，但就是不能忍受它的丑。乔布斯说他所有
产品都很性感，但不管怎么看，所有 APPLE 手表都不可能有
任何的性感迹象，免了。

我还是从柜子里拿出"星辰"，一般叫为"西铁城"的那
块旧表来戴。好家伙，它一见光，即刻时针秒针团团转，一下
子对准了时刻，可爱到极点。看样子一大块，原来是用锑做的，
轻巧得很。

墙上的挂钟，本来也用"星辰"，打开盒子，拿到窗口附
近，它自己会对准，缺点是不完善，用久了就坏，我家已用坏
了几块。

"你常去日本，在那边买个 GPS 光能钟好了！"友人又说。
但是，在日本买的钟在中国香港用，并对不准。日本电器就是
有这个毛病，只产来在自己国家用。

还是得靠日本的 GPS 钟，我跑去中国香港的崇光百货，
那里有得卖。这是个"精工"牌的，大得很，黑白二色，设
计简单。

我不肯好好看说明书，请店员把它对准，之后它就会自动

用电波调节，显示天下最准的时刻。

挂在墙上，以它为标准来对家里所有的钟表，我的准时癖已经不可医治，非最准不可。当今看看这个，用它来作为标准，知道一分一秒也不会错，才心安理得。

这个"精工"牌子的挂钟，并不便宜，一块要卖到三千多港元，现在只是初用阶段，要是今后觉得可靠，再贵也要把家里所有挂钟都换成这种产品。

有了天下最准时的钟表，以为天下太平，就开始做起梦来。我的噩梦，多数是大家在火车站等我，我还没有起身，一看只剩下七八分钟火车就要开了，赶呀赶，当最后一分钟赶到时，火车提早开出。不然就是等着要交稿，时钟一分又一分、一秒又一秒地跳动，我怎么写也写不出一个字来，种种，都是和不准时有关。

现实生活中，我约了人，几乎不会准时，只会早到，一生之中大概只有两三次让人家等。如果你是一个被我等上五分钟的人，那你今天的运气不好。

玩时间专家

好玩的事物太多了。

抽象的东西也好玩，那就是玩时间。

时间只是人类的一个观念，虽然一天有二十四个小时，但像爱因斯坦所说，上课以及和女朋友谈天，长短不同。

玩时间玩得最好的是香港人。

每一个香港人都忙，但是，要抽时间的话，香港人最拿手，不管多忙，总会挤点时间出来做自己要做的事。香港人要是决定自己不忙，就不忙了。

尤其有香港回归这个大前提，香港人的步伐已经是世界第一。从前在东京，觉得东京人走路快，后来去了纽约，发现他们更快。

但日本经济已发展到停顿的地步，一富有便懒了起来。东京人走路慢过香港人，纽约人更别说，早在二十世纪七十年代，由于经济衰退，他们的步伐已经蹒跚。

香港人有两个以上工作的不少，外地游客跳上车，听到司机说早上做警察，晚间当的士司机，吓得一跳，几乎不相信自己的耳朵，但事实如此。

他们不明白的是我们大多数没有社会保险、医疗费以及退休金，虽然我们的税收低，但遇到任何事，我们都可自行解决，谁都不会来帮助我们。

所以，香港人要争取时间，多做点事，多些储蓄，以防万一。我们自己买保险，自顾安危，包括赚了钱移民，先拿到居留权再回来做事，这也是一种保险。

香港的失业率有百分之一到百分之二，那些人不是没事做，只是不想做罢了。这种社会现象，我们不当它是一回事，但是如果你讲给外边的朋友听，他们一定觉得惊奇。

就算不是争取时间来做第二份工作，也要争取时间来休息，来玩，来享受。

实际上，如何玩时间呢？

很简单，睡得少一点就是。

大家都说我们需要八个小时的睡眠。放屁！这都是医学界的理论而已，我本人长年来每天最多睡六个钟头，也不见得长得像个痨病鬼。

每天赚两个小时，一个月就是六十个钟头，等于多活了两天半，每年多人家三十天，多好！

除此之外，一个星期熬一两个通宵，也不应该有什么问题。当然，熬通宵也有学问，下午六点放工，晚上七点吃完饭，先睡到半夜十二点，也有足够的五个小时，从半夜十二点做自己喜欢的事，做到天亮，多六个钟头。

这时候，看着窗外天色的变化，先是有点红色，红中带灰，又转为白。远山是紫颜色的。啊！为什么从前没有注意过有紫色的山？

清晨的空气是寒冷的，但是舒服到极点，意想不到的清新，呼唤着你出门。

穿上衣服去散步，到公园去练太极剑，或者，就这么拿一本书坐在树下看，都是乐趣。

话说回来，这种乐趣需要出来做事后才懂得享受，当学生时被迫一早起身上课，一点也不好玩。

到街市去买菜，走金鱼街看打架鱼，到雀仔街买鸟，买活蟋蟀给鸟吃。太残忍了，买花去吧。

清早的世界，是另外一个世界。

在寂静中听到车辆行动的声音，偶尔来些鸟啼，有时还能听到公鸡在叫哩。

生活在清早世界的是另一种人类，他们面孔安详，余裕令他们的表情无忧无虑，他们是健康的、活泼的。

相反，深夜的世界又是另一个世界。大家是那么的颓废、靡靡，但又能看出享受过的满足感。

这两种人，都是过着单调、刻板且所谓"正常"生活的人感到陌生的。

早起、迟睡、赶通宵一多了，人就容易疲倦，这是必然的。克服的办法是英文中的"猫睡"（sleeping cat），像猫一样地随时随地打瞌睡。

只要你睡眠不足，便会锻炼出这种"猫睡"的身体功能。尽情利用时间睡觉，一上车就闭上眼睛，像把插座从电源里拔掉，昏昏大睡，到达目的地，即刻会自动醒来，又像把插座插回去，活生生地，眼也不肿。

中午吃完饭，也能坐在椅子上入睡，算好开工时间，有半小时就睡半小时，五分钟也不拘。

会玩时间的人不懂得同情失眠的人！失眠就失眠，不能睡就让他不睡。看你不睡个三四天，自然闭上眼睛。长期下来，学会"猫睡"也说不定。

不花时间在睡觉上的人多数是健康的，他们已经把睡眠当成一种福分，一种享受，哪里还有精神去做噩梦？镇静剂、安眠药、大蒜、酒精等等，一点用处也没有。

消夜是最大的敌人，尽量避免，否则无论多想熬夜也熬不住。如果一定要吃，就喝点汤吧。随时把汤料扔进一个慢热煲，准备一碗广东汤，享之不尽。

咖啡可免则免，咖啡只能产生胃酸。说到提神，茶最好，中茶、洋茶、香片、龙井，什么茶都不要紧，但上选还是普洱，再多也不伤胃。

早餐倒是重要的，懂得玩时间的人总能抽空为自己准备一顿丰富的早餐，再不然，找不同的东西吃也是乐趣。今天吃粥，明朝吃面，叹点心以及吃街边的猪肠粉、豆浆油条，用心找一定找得到，再来一屉小笼包，或再来碗油豆腐粉丝，总之要吃得饱，吃得饱才有体力支持。清早吃饱和消夜相反，只会更精神，不会打瞌睡。

玩时间玩成专家，可以做的事太多了，说不定其中有几样是生财之道。

买手

团友之中，统计了一下，最多的是在内地开厂的香港人。他们早期投资，能够坚持，不受骗而生存下来，当今一定生意稳定，高枕无忧，不受假期束缚，随时旅行。

然后是律师和金融界的朋友。医生也不少，这次有三名医生，有医大人的，有治小孩的，还有牙医。冷门职业也不少。早餐时，有一对父母及小孩三人组，我看到空位和他们一起坐。

"请问是干贵行的？"我说。

"买卖。"对方回答。

"买什么，卖什么？"我追问。

"买马，卖马。"对方回答。

从前我遇过制造阿拉伯文翻译机的，度量商船大小的，等等。买卖马匹，也算稀奇了。

"我来北海道几十次，"对方说，"就没有在札幌和小樽玩过。在千岁机场降落后就转机到女满别机场，或坐几个小时的车到一个叫蒲川的乡下，百分之九十以上的赛马是从那里来的。"

"一匹马要多少钱？"这是我这个俗人的第一个反应。

"在香港，由于赌注大的关系，赛马水平的要求越来越高，一匹一百万港元的马，多数是跑不赢的，所以要到全世界去买最优秀的品种。"对方说。

"澳大利亚马是不是比较便宜？"我问。

"从前是的，当今澳大利亚马已经很贵，反而英国马的价钱合理，日本马也算中等价。"对方说。

"那么阿拉伯马呢？蒙古马呢？"我问。

"都好，但是长途才能发挥出力量，那些马可以跑几天几夜也不疲倦，马的腿越瘦，跑得越快，适合竞赛，但也容易折断。"对方说。

我对马的认识又加深，上了宝贵的一课。

快餐车

市道不好，小贩就出现了。找不到工作，有什么比摆摊做点小买卖更好的？

日本经济泡沫一爆，已有多年，大家想尽办法求生，现在他们搞所谓的流动贩卖，就是我们的"快餐车"。

我对这种经营手法甚感兴趣，十几年前与洪金宝和成龙一起到西班牙，拍的也是以快餐车为主题的电影。

当今日本流行的车子，一辆卖十多万港元，车内设备齐全，有炉有灶，不过这种车一卖到其他地方就要贵得多了。

我很赞成当小贩这一回事儿，百花齐放，多好！在泰国，我们的摄影队去哪里，哪里就有小贩出现，他们像一群蚂蚁。政府照顾民生，放条生路。

小贩真的好像政府所说的那么不干净吗？我们也经历过小贩年代，还不是好好地活了下来？看别的都市，像台北，小贩多得不得了，横街小巷中总有一两档，不见他们吃出毛病。

这种快餐车做法在台北早已兴起。在办公室和学校附近，客人围着它，吃便宜的早餐或中饭，花样极多，岂不比在超级市场买饭盒更热辣？

当然，快餐车在日本也需要牌照才可经营，但是手续简单，一领必到。停车场也欢迎它们，收个费用，泊满各式的快餐车，整个地方便热闹起来。试想如果我们也这么做，海运大厦六楼天天变成嘉年华，连商场的生意也带旺。

我们的快餐车式的买卖，限制在那仅存的一两辆雪糕车，政府不再发牌了，当今经济最困苦，是否可以考虑改变政策呢？

小贩名副其实地从"小"起家，也许有一天成为超级市场的老板，凡事都要一个开始，只要花心机，服务有水平，东西好吃，就一定会成功。如果领到牌，我也想去买一辆快餐车玩玩。

招手猫

从前在日本家庭式铺子里看到的招手猫（Maneki Neko），现在外国人已开始拿它来装饰，但对它的认识还不深。

我们将其翻译成"招财猫"，其实只对了一半，举起右手的，才是招财；举起左手的，应该叫"招客猫"。白色的招手猫是招福气的，黑色的防病痛，金色的招运，不能乱放。

一放就一直放下去，不管这只猫有多辛苦，这也是不对的。

好的招手猫（如果如愿地招财、招客的话），只能放在店里一年。一年之后，拿它去神社或寺里供养，才算对得起它。

说了那么多，要是各位还搞不清楚的话，下次到日本，白色的、黑色的、金色的各买一只回来好了，不知道应该买举左手的还是举右手的？很容易，已有双手皆举的猫出售。

也有人说自己买自己摆的话，并不是很灵，要人家送才好。无端端地请人家送只猫，也太庸俗了吧？还是看到人家有，你再买一只更好、更大的与他们交换，这样比较合理。

招手猫的造型也分高低，有的样子很凶，看起来就不舒服。当今艺术家也不避嫌，买大的招手猫。我买了一只肥肥胖胖的，笑得眼睛都眯起来，就很美。

日本材料和人工都贵，一只好看的招手猫并不便宜，但已在中国制造，市面上就有很多便宜的招手猫，十元商店也有出售。

它到底只是一件饰物，不能完全迷信。开店做生意一定要勤劳，守本分，东西要做到好吃，不然放一百只招财猫、招客猫也没用。

在银座的寿司柜台中，有一只大型的招手猫。师傅大仓在准备食物时，把帽子戴在猫头上，很可爱。等到客人来时，他又把帽子拿来自己戴，猫就少掉那份天真无邪。下次要请大仓先生买多一顶帽子让猫戴着才行。

活在最幸福的年代

我命好，是一个富二代，双亲留给我的不是钱，而是教养。

他们鼓励的是独立思考，并从中引导，绝对不说教，让我们四个子女自由发挥。

我自己的努力奋斗也有帮助，但这不是最基本的。努力是理所当然的事，当今被遗忘了而已。

这一切都有前因后果，但是运气还是主宰着我一生。是的，我是幸运的。幸运在一颗炸弹投到我家天花板，没有爆炸，否则我怎么还有那么多话说？

幸运在我妈妈背着我逃难，日本人的轰炸机低飞，用机枪扫射，母亲自然反应地跳进沟渠，留着我在外面大哭大叫，我还能避开每一颗子弹。

更幸运的是，我一生没有遇到斗争，没受过迫害，小时候虽然也经过灾难，但都能在事后当成笑话来讲。

长大后，不知不觉地做了电影，更懵懵懂懂当上了所谓的作家，都是运气使然，若是活在其他年代，以我这种半桶水的学问，边都沾不上。

更因为我父母来香港小住，我带他们去吃广东点心，座位要等个半天，坐了下来，服务员的态度又差，致使我在专栏上写很多关于食材和吃的经验，令编辑们以为我对吃的很有研究，叫我写食评！这造成了一股"黑势力"，以后位子有了，态度也转为亲切。

我所谓的懂吃，只是懂得比较，这一家比那一家好，而另一家更为精彩。比较的结果，就是"懂得"了。

但还是运气，而运气在哪里？运气在我能赶上"末班车"，能吃到许多濒临绝种的食材，还能吃到像黄鱼、鲥鱼那类海鲜。

当然，古人也许觉得这没什么了不起，但是古人不可能像我一样飞到日本吃刺身，而他们尝的只有中国名厨的手艺，不会像我那么幸运吃到法国米其林三星，这是保罗·博古斯亲手煮的菜。

我每天感谢上苍，让我生活在每一个区域的黄金年代。我出道时做电影，那时候的戏院可以坐两三千人，观众和银幕上的人物一起欢笑，一块儿悲伤。当年拍什么戏都能赚钱，香港电影的市场庞大，可以先"卖埠"，越南、柬埔寨、老挝，甚至所有海外华人的市场都来"买花"，等于是预购版权，加起来已是一部电影的制作费，还有利润。

这些多亏了录像带、DVD还没有发明，盗版的情形还没有发生。

更幸运的是，香港电视只有两个台可以选择，电视的尺度还没那么严谨，让我们三个人胡作非为，抽烟、喝酒、骚扰对方，都能被原谅，得到空前未有的收视率。这种节目，是空前绝后的。

命运还安排了一些悲剧，Beyond乐队的黄家驹在日本富士电视意外身亡，日本人郑重其事地来中国香港为他举办丧礼，而一切的安排都由我去协助。富士电视感恩，让我上他们的烹饪节目《料理铁人》当评审。

我有什么说什么，与其他评审有别。他们都不太肯说实话，只有我一个评论这个好吃，或者那个太难吃，快些从我面前拿走！

　　说的实话成为严厉的批评，日本人叫我"辛口"，因此我广受观众欢迎。编导一次又一次地邀我坐飞机过去，我得到的酬劳非常可观。

　　当年正好遇上日本经济起飞。日本不惜工本搜集天下最贵的食材，邀请世界名厨来竞赛，让我有机会与他们结交，也令我在日本的美食界打开了名堂。我去日本最好的餐厅，也会受到尊敬。

　　美食节目因此产生，我在无线电视做的《蔡澜叹世界》也刚好遇上国泰航空最辉煌的日子，他们出了庞大的制作费让我"周游列国"，让我享受到当年最好的美食。

　　在北海道拍摄的第一集，和李嘉欣大浸露天温泉。当年没有人在冬天去北海道，后来北海道变成大受欢迎的热门旅游地，许多朋友要求我带他们前往，这是我组织美食旅行团的开端。

　　他们从来没有遇到那么高级的旅行团，市场一下就打开了，一个团接一个团，都是爆满。这些都是一波接一波的。

　　写文章时，那是报刊的黄金年代，那时候《明报》和《东方日报》的副刊是最多人看的了。当今，比我写得好的多的是，但报纸的销路已今非昔比。

　　出版成书时，也是香港人读书最盛行的年代。人们能一本又一本出书，都是因为游戏机还没发明，电子读物也没人想到。香港书展挤满了人，都不是去买漫画的。

最幸福的连番遇到许多好朋友和好老师，如金庸先生、黄霑兄、倪匡兄，向他们学习的事数不胜数，学习书法的冯康侯老师更令我在雅趣上得到无上的欢乐。

今后的科技，也许会让人活到一两百岁，但是食物已被快餐集团统治，美好的天然食材已经绝迹，空气充满污染。有什么比当今这个年代更美好？今后的香港也许更为繁荣，但是我认为我的运气还是好的，若有其他的转变，我归去也。

早知道

天下最无聊的，莫过于"早知道"这三个字。

"早知道房地产会涨得那么厉害，怎么也要买一间小的。"说完后，好像已经损失了好几百万元，一脸无奈，一腔委屈。

"早知道这幅字那么便宜，一看就应该买了，你看现在的价钱，怎么买得了？"说完一副怪自己眼光不够好、走宝了的表情。

"早知道这尾鱼会绝种，为什么当年不吃一个饱？"说完露出万分的馋相。

"早知道现在已经挤满游客，当初没有多少人想去，为什么不趁早走一走？”说完千般恨不消。

"早知道多读几年书，不至于现在找不到工作。"说完后悔不已。

"早知道这只股票会涨到现在那么疯狂，为什么不买它几手？"说完好像当今已倾家荡产。

"早知道这个女人那么坏，当初就不应该娶她做老婆。"唉，真是悲剧！

早知道，早知道，你不是神仙，你又不能去未来，怎么可能早知道？我一听到说的人唉声叹气，即刻逃之夭夭，和这种人聊下去，会把自己的精力吸走。

广东人的谚语说得最好，他们说："有早知，冇乞儿！"

乞儿，就是乞丐。而那个"冇"字，中间少了两画，有就变成没有了。

怨叹干什么呢？不如珍惜当今所拥有的。

是的，一生中，我们要做多少傻事才能变得精明？我们要做多少错误的决定才看得开，但是人总要一次又一次地重复自己的过失，永远学不会怎么开解自己。

消极的做法，就是求神拜佛，以为有了佛偈就能解脱；以为祷告，上苍就会来帮助你。没用的，没用的。

为什么我们忘记了基本的呢？一开始，家长和老师都会告诉我们要努力呀。

当今的孩子，都早知道大了以后父母会把房子留给自己，还买来干什么？人生的斗志，在他们这一代就消失了。

这也怪父母不好，留给他们的只是钱，教育他们的也是怎么赚钱，而不是引导他们有独立的思想。

社会的富强，导致这种现象的发生，这是必然的呀。有些人会这么说。

这是不是没有救呀？不，当年的美国，也是这样的，但是有些家长还是鼓励儿童有独立思想，让他们知道再这么下去不是办法，所以产生了"花儿童"的嬉皮士。守旧的大人以为这是一群不学无术的青年，整天只会抽大麻，会把整个社会破坏。

历史告诉我们，这完全是错误的，嬉皮士的行为是一种反抗，是在争取独立。虽然他们有大人看不懂的行为，但是他们读书、旅行，从各种生活方式中学习，找到他们认为最适合自己的道路去走。

这种独立思想引导着整个世界进步，今后的社会才会产生像乔布斯这样的人。他们上班可以穿牛仔裤，不必穿西装打领带，他们留着胡子不剃，他们"知有早，冇乞儿"这种事，他们求进步、求生存，不靠别人。

那么，我们得让我们的小孩去胡搞吗？绝对不是的。物极必反，嬉皮士的子女穿得光鲜，他们看不惯父母的褴褛牛仔裤。

他们的行为检点，认为集体行为才有安全感，所以他们一块儿躲进咖啡店，从嬉皮士变成雅皮士，但这一切都要拜独立思考所赐。

接下来怎么变呢？有了计算机以后，雅皮士的儿子发现，连集体喝咖啡行为也变成了"一兰"拉面，大家只要有一个小格子，就能生存下去，社会并不需要大家一块儿走。

这一切都不是人类能够预料的，所以"早知道"这三个字已经落伍，我们为什么还要后悔我们做的决定呢？不如交给计算机去选择吧！

有了计算机，我们不需要一间屋子，斗室就够了。房地产怎么涨不关这些人的事。有了计算机，字画的欣赏变成一些老古董的玩意儿。

有了计算机，只要一个汉堡包充饥。有了计算机，什么风景都能在其中看到。有了计算机，它比什么老师都厉害。有了计算机，创造一些比特币比买股票容易赚钱。有了计算机，什么色情游戏都能满足自己，还要娶老婆和嫁人吗？

一旦独立思考的种子种了下来，不管大众往什么方向走，总有些与众不同的人产生。而今后，只有靠这些人去创造另一个新的局面，不必靠早知道。

不知道，这个世界才有趣。

饭盒

二〇一六年快结束的时候，回想在这三百六十六天之中做了些什么。

较有意思的，是为"北河同行"做宣传。

有一天，父亲的朋友——出版界的老行尊蓝真先生——的千金蓝列群小姐打来电话，要我帮她写"北河同行"四个字送给一位姓陈的人。我起初不知道这是什么，店名又不像店名，写就写吧。反正是举手之劳，后来才知道，这是由陈灼明发起的一项慈善运动。

明哥的店，最初开在深水埗，叫"北河烧腊"，是一间从早上五六点钟就卖东西的点心店，非常之用心。其中，烧肉做得最好，因为当今的烧肉已不是像从前在地上挖一个深坑，四围铺上瓷砖，在下面烧了大火，把炉壁烧红，热力将肉烤熟，所以爽脆的皮可以维持长时间。现在的壁炉是用一个铁炉烧的，像个太空舱，故亦称为太空炉，隔两三个小时，皮已不脆了。明哥的店也使用太空炉，但一天烧三四次，所以任何时间去吃，烧肉都是最佳状态，猪皮像饼干一样脆到不得了，大家一试便知。

盅头饭、咸鱼肉饼、凤爪排骨等都齐全，怀旧的鹌鹑蛋烧卖、鸡扎、粉卷等，应有尽有。穷困日子的点心店都是一大清早就有得吃的，当今要到十一点才开门。像我这种早起的人，能到"北河烧腊"去享受一顿早茶，的确幸福。

旧时的点心店都是薄利多销。明哥的店，价钱也非常合理，一不小心还要亏本，但他本着良心一步步做。有了盈利之后，他开始派饭盒，赠送给有需要的老人家，也送聚集在天桥底下的流浪汉。

这种善行得到有心人的支持，许多义工跑来帮忙，有的是做电子行业的，也有当空姐的，各种人都有。慢慢地，这成为一股运动，而这运动就是"北河同行"了。越做越强时，明哥不断地改善，天气一冷，与其让老人家排队，不如发饭票，他们可以随时来取。

很多善心人听到了，想参与并成为一分子，但又不知道怎么捐款，现在已得到7-11便利店的支持。只要你去便利店买东西时顺便买一张饭票，就可以间接地把饭盒送给有需要的人。

香港人一向对慈善工作热心，记得有一项调查，是以人口来计的，香港人是世界上捐善款最多的。

但这种本身就应该有的行为，近年来因大家忙着生计而逐渐被忘记，当今又有明哥这一类的人物来提醒，的确是好事。

其实，派饭盒这件事，本来就有很多人做，只是缺少了像"北河同行"这样的宣传。举个例子，《温暖人间》这本杂志上说，港铁太子站附近的"百宝斋厨"六年前已有这种善举，起初一个月派一至两次饭盒，直至三年前发展成一个月派二十次饭盒的活动，另有三四次的素菜流水宴，免费招待有需要的人士。

店主叫高丽慈，十二岁时已皈依佛教，念念不忘师父说过："开一间素食店的功德比建庙更大。"

除了做斋菜和派饭，店主更注重与长者的交流，问候和关心也许比派饭更有用，她说："这是一份责任，要有良心，有承担去做，持续不断才行，千万不能好心办坏事。"

在荃湾兆和街的小巷中，清早七点多已聚集一班公公婆婆等候饭盒，这是一间很小的"素悦轩"，前店主每天派一百个饭盒。当今店铺易手，由新老板何先生和胡哥接手经营。他们二话不说，继续派饭。店铺本来在十二点开门营业，但他们提早到八点半开工，做饭派给老人家。

他们两个人并非佛教徒，说："善心无分宗教，我们从来没想过有任何回报或者积福，无所谓，能做到就做。"

厨师文哥也是受到感染而加入团队的。从构思、买菜、洗切到营养、味道和新鲜度出发，他说："菜一定要当造的，而且少油、少糖、少盐，要煮得软一点，尽量少煎炸。"

许多人受感动，主动来当义工，负责洗菜、派筹、盛饭，大家有说有笑，体会到付出才是最大的快乐。

　　我建议他们改用"北河同行"的做法，不必发号码筹让老人家排队，直接派饭票，任何时间都可以来拿，这样随意得多。

　　另一间叫"天然斋"，也采用了派饭票的制度。店主艾维（Ivy）和特伦斯（Terence），以及有相同理念的厨师胡先生，每逢星期二下午派一百个饭盒，另外星期五会在铜锣湾鹅颈桥街坊福利派饭票。他们说："老人家不是贪你一个饭盒，而是需要当中的关怀。"

　　看到照片中除了饭盒之外，还派一个苹果，令我想起明哥说过："我去天桥下派饭盒时也有一个苹果，露宿者把苹果丢弃，令我很生气，后来才知道他们说年纪大了，哪有牙力咬苹果？这才恍然大悟，下次改用较软的水果。"

　　是的，善心运动的巨轮已启动。做好事的人应该团结，应该互相学习。慈善本来就是理所当然的，不是什么伟大的事。有了这种心态，才会做得更好。

艺术与创意

花花世界

疫情期间，闷得发慌，锁在家里的日子，怎能过呢？一定得找些事来消解，这样才对得起自己。

很多朋友建议我在 Patreon（艺术众筹服务供应商）开一账号，自言自语地发表言论，如果有人看，还可以分成呢。我当然也研究过，发现它并不对我胃口。

如果做播客（Podcast）的话，我宁愿在 YouTube（优兔）上做。这是一条大道，看的人也最多。香港人对 YouTube 最有信心，一得闲就上去逛逛。

当然，内地的平台有更多的选择，但得讲国语，我始终长居香港，用粤语做播客应该更有亲切感。和大家商讨后，还是在 YouTube 做播客。至于怎么照顾到听不懂粤语的观众，我会加上字幕。

叫什么呢？我也想了很久，最后决定用回我的商店名字——蔡澜花花世界。这也代表了我不谈政治的立场，只谈风月。

通常做一档播客节目是不花本钱的，弄一个摄像机或更简单的 iPhone，对着自己，就可以开始直播了。但看到别人的，我总觉得这样粗糙。开始的时候，我还是要精密一点，严谨一点，所以先要来一队摄影及灯光组，再加上后期的剪接与字幕组，一切花费不少，是否有钱赚不知道。但事实是，先得被打三百大板，这也不要紧了。

做播客，最主要的还是内容。讲些什么有人感兴趣？看不看得下去？这些才是关键。对于摄影和字幕的投资，我是不惜工本的。

自言自语总不是我的强项，我不是一个话多的人，有些人一开口就讲个不停，内地人称这类人为"话痨"。我很佩服他们，但我做不了，还是找人对答较为流畅。

当然，我有许多演艺圈的朋友，可以找他们来做主持，但我不想劳烦别人，还是请了我生意上的拍档刘绚强先生帮忙，要求他两个女儿上阵。大女叫雪莉（Shirley），小女儿叫奎妮（Queenie），她们都是一直跟着我的旅行团到处去的，我看着她们长大，将她们当成自己的女儿。

雪莉口齿伶俐，又很爱吃东西与喝酒，在吃喝方面很容易配合到我。奎妮很乖，话不是太多，一直喜欢烘焙，从小爱做面包，非常出色。她做的饼干好吃得不得了，有种椰子饼，更令人吃上瘾。

有了这两个人助阵，我做这档播客节目时轻松许多，但所花的时间和精力是不少的。我总相信这是应该投入的，连这一点也不肯下功夫，怎能做得好？

许多人想做这个，想做那个，说了半天什么都没有做得出来。我不是这种人，我说做，就做出来。所以，《蔡澜花花世界》这档节目就产生了，在二〇二〇年十一月十三日星期五首播。

最先拍的是我新结交的意大利朋友詹多梅尼科·卡普廖力（Giandomenico Caprioli）的意大利杂货店，就开在分域码头。你能想到的意大利食材都可以在这里找到，非常齐全。

节目播出之后，我打电话问他节目对他的生意有没有帮助，他回答客人增加了很多，多人响应道我介绍得不错。总之，有反应好过没有反应。

本来，我的原意是一个星期在 YouTube 中播出一集，看视频的人不喜欢看太长的，只要剪成十分钟左右就够了，否则太长也会在手机上看得昏头昏脑。

但是，以我本人观察，看了一集之后，再要等一个星期才有第二集，是不满足的，我即刻吩咐我的制作团队，不要多等七天，马上在第二天再多做一集。

第二集的内容是把所有在超市买的东西放在桌上，当成野餐，把腌制的肥猪肉切成薄片，配上清新的意大利蜜瓜，再加上圣丹尼尔的火腿，以及用猪头肉压成的薄片，还有种种食物，同时妹妹奎妮出现，尝试她做的面包。

第三集连续追击，把买回来的八爪鱼煎一煎，将地中海红虾做成意大利面，淋上红虾油和红虾粉，是美味的一餐。这时候，妹妹拿手的甜品出现，杏仁薄脆、白色巧克力挞以及猫山王榴莲甜品等等，都非常出色。

果然三集同时推出有它的震撼，可是压力继续来了，每星期播三集的话，后期的制作是困难的，但不管遇到什么困难也要硬上。

下一个礼拜我们推出了上海菜系列，也是一连三集，YouTube 上有所看人数的统计，但我是不看的，看来做什么？只要做得精彩，看的人就会越来越多。

像我在微博上的粉丝数量，到目前为止有一千万个。我不能期待 YouTube 上有这种成就。既然开始了，就把头埋进去，每次努力地做好它。

对得起自己，就是了。

北京行草展

对荣宝斋的印象，来自儿时家中的木版水印画，它与真迹毫无分别。另外，家父藏的许多信笺，都是齐白石为荣宝斋画完印出的，精美万分。

首回踏足北京，第一件事就是到琉璃厂的荣宝斋参观，感到非常之亲切，像回到家里一样。此后去了北京无数次，一有空闲，必访。有一年，适逢冬天，在荣宝斋外面看到一位老人卖煨地瓜，皮漏出蜜来，即要了一个，甜到现在还忘不了。

家里的许多文具，都在荣宝斋购买，尤其是印泥，荣宝斋的鲜红，是其他地方找不到的。当然还有笔墨、宣纸等等，每到一次，必一大箱一大箱买回来。

荣宝斋最著名的，还是它的木版水印。我参观过整个水印过程，惊叹其工艺之精致，巅峰时期的《韩熙载夜宴图》，用了一千六百六十七套木版，前后长达二十年时间才完成，是名副其实的"次真品"。

我的书法老师冯康侯先生说过："与其花巨款去买一些次等的真迹，不如欣赏博物馆收藏的真迹印刷出来的木版水印。"

与荣宝斋有缘，当谭京、李春林和钟经武先生提出可以为我开一个书法展时，我觉得是无上的光荣。我原意是和苏美璐一起去，但当时她忧虑北京的空气，最后还是由我一个人献丑！

说好六十幅，我还是只写了五十幅，留了十幅让苏美璐展出她的插图。至于展览的题名，我始终认为"书法"二字对我来说是沾不上边的，平时练的多数是行书和草书，最后决定用《蔡澜行草，暨苏美璐插图展》。

之前，我与荣宝斋合作过。荣宝斋用木版水印印了我写的"用心"二字，卖得甚好，这回也同样地印小幅的《心经》和一些原铃的印谱，出让给有心人。

画展和书法展是我经常去看的项目，我时常构想，要是自己来办，会是怎么样的？第一，看别人的，如果喜欢，多数觉得价钱太贵，一贵，就有了距离。基于此，木版水印是一个办法，喜欢的话，捧一幅回去，价钱是大家负担得起的。但木版水印的制作过程繁复，亦不算便宜，好在我的商业拍档刘绚强先生是开印刷厂的，拥有最先进的印刷机，每一台机器都有一个小房间那么大，刘先生会替我印一些行草出来，价钱更为低廉。

书法展在二〇一七年十月二十七日至十一月一日举行，一共六天。

书法展期间，荣宝斋要我办一场公开演讲，这也好。荣宝斋有自己的讲堂，我不必跑到其他地方，主办方要我确认演讲的内容。我一向不作准备，勉为其难，就把讲题定为《冯康侯老师教导的书法与篆刻》。对方又说要一个简单的提纲，我回答一向没有这种准备，到时听众想听什么就讲什么吧。

多年来，我勤练行书和草书，要说心得，也没什么心得，不过冯康侯老师教的都是很正确的基础。我就将自己当成一个演绎者，把老师说的原原本本搬出来，应该不会误人子弟。

当今，学书法好像是一件很沉重、很遥远的事。我主要讲的是，不要被"书法"这两个字吓倒，有兴趣就容易了。如果没有心理负担，学起来更得心应手。做学问，不必有什么使命感和责任感。书法是一件能让人身心舒畅的事，写呀写，写出愉悦，写出兴趣来，多看名帖，那么你会有交不完的朋友。虽然都是古人，但像冯康侯先生说的："我向古人学，你也向古人学，那么，我们不是师生，我们是同学。"

这回书法展，我有多幅草书。草书少有人写，道理很简单，因为看不懂。我最初也看不懂，后来慢慢摸索，就摸出一些道理来。

这回我选的草书内容，都是一些大家熟悉的，像《心经》，各位可能都背得出来，用草书一写，大家看了：啊，原来这个字可以这么写，原来那个字可以那么变化。兴趣就跟着来了。

草书有一定的规则，像"纟"字旁，写起来像一个"子"字，今后大家一看，即刻明白，只要起步，慢慢都能看懂。

草书不一定要写得快和潦草，记得冯康侯老师说过，草书要慢写，一笔一画都有交代。一位学草书的友人说，笔画写错了也不要紧，但是慢慢写，不错不是更佳？

"书法家"这三个字，我是绝对称不上的，"爱好者"这三个字更好。成为一个"家"，是要花毕生精力和时间去钻研的，我的嗜好太多，不可能完成这个任务。

当成兴趣最好，研究深了，成为半个专家就好，不必太过沉重。一成为半个专家，就是一种求生本领，兴趣多，求生本领也多，人就有了自信。

人家问我学书法干什么，我一向回答："到时，在街边摆个档，写写挥春，也能赚几个钱呀。"

北京行草展花絮

二〇一七年十月二十七日，我在北京的荣宝斋开了人生第一次展览会。前一天抵达，看布置做得完善，便放心了。除了自己的几十幅字，还有十幅苏美璐的插图，才没那么闷。我也是一个常去看展览的人，发誓若有机会自己也开一个，一定克服一些小毛病。

什么毛病呢？通常看完就走，没买到一幅。为什么？贵呀。所以，这次和主办单位商量好，尽量把价钱压低。真迹还是觉得太贵的话，买本纪念册好了。纪念册也分三种，比如平装版，大家都可以轻松地带回去，要求高一点的有两种不同尺寸的版本，用宣纸印刷，精美得很。

开一个展览，再多人来看也是那么一群，当今有了互联网，我在各个平台上把作品放上去。荣宝斋也随时代并进，有自己的网站可以出售作品，所以连同现场出售的，第一天已经卖掉了一半以上。

事前主办单位问我要不要开个酒会之类的，我最怕这种应酬了，什么都不要，也谢绝了花篮。每次看到展完后被丢弃那么一堆，就觉得既浪费又不环保。我开玩笑说不如折现吧，再不然就用这些钱买本纪念册。

展厅一共有两层，下面一层我放了一幅很长很大的草书《心经》，当成"镇店之宝"吧。来看的人因为熟悉内容，对着那些鬼画符似的草书，也能一字一字念出。

检讨第一天的成绩，发现最快卖出的，也是卖得最好的，是我那些不合常规的。像"别管我"，卖完后还有客人再订。展厅的二楼设有一张案桌，由好友糖糖在那里泡浓得似墨的熟普洱给我喝。另一张大的案桌留着给我写字，我一有空，就在那里写呀写，然后把卖出的拆下给客带走，我写完荣宝斋即裱，随时补上。

第二天，也是重阳节，我在荣宝斋大讲堂做一场公开演讲。这回有友人褚海涛创办的奶酪品牌"无忧格子"赞助，组织了团队，在现场直播，然后转发到其他网络平台。不然的话，来的人再多，也比不上互联网的效率那么高。

大家的问题一一回答，除了有关书法的，还有美食的，反响非常热烈。

字接着卖，没有停过，一有空档，我就在整个琉璃厂溜达。遇到字画店、古董店和书店，我都进去逛逛，这是我多年来的心愿。

第三天，应清华大学同学邀请，到礼堂去和大家交流。清华大学当今的银杏树叶都已金黄，配衬着这几天很难得的清澈蓝天，特别漂亮。同学们的问题集中在年轻的迷惘，我告诉大家唯一克服的方法，就是培养一种兴趣或嗜好，研究再研究，研究深了，就会找很多书看，一看之下，原来早已有人做过更深的学问。你能与古人交朋友，哪有时间寂寞或迷惘？

我也不到处去找东西吃了，北京的交通不是开玩笑的，一出门就塞车一两个小时，还是乖乖留在展览会场。好友洪亮到各名店去打包，把一堆美食买回来，荣宝斋也特别开恩，让我在茶桌上开餐，吃得饱饱的。

洪亮是摄影机名厂哈苏的高层，到处去展示产品，也趁机寻找美食，吃得身材略胖。为了答谢他的心意，我写了"肥又何妨"相送，他高兴得很。

字继续卖，我继续补，但也会闷。闷起来，我就和小朋友们玩。摄影家刘展耘的小女孩很可爱，我画了一个《半鼻子》卡通人物，先画五个小圈，再一个大圈，点上眼睛，即成。刘千金看得大乐，我也画得发狂，再来一副史努比睡在狗屋上的画给她。满地的字，刘展耘要他女儿选，她挑了一张"酒色财气"，真是孺子可教。

和荣宝斋结缘，由我请他们刻木版水印开始。"用心"那两个字印了多幅，卖完又卖。这也是替来参观的朋友们着想，真迹太贵，大家可以便宜地收藏和真迹一模一样的木版水印。我替买的人提上名字上款，再原钤一个印章。

我生意上的拍档刘绚强是印刷界的巨子，拥有最先进的印刷机，有一间房子那么大，什么材质都可以印，如玻璃、宣纸、布条。这次他为我做了很多真迹的衍生品，都价廉，其中一幅"莫愁前路无知己，落花时节又逢君"特别受欢迎。不来现场，网上也可以买到。

展出期间，来了一位嘉宾，大家也认识，就是钟楚红。许多现场看字的朋友遇见了，都不相信自己的眼睛。

荣宝斋行草展，为期六天，圆满地结束了，展品全部售罄，应大家要求，再添了多幅，算是对荣宝斋和自己有一个交代。

一般展览，开完就完了，但当今可以不断地延伸，在网上继续出品。大家对"别管我"有兴趣，还有"谁在乎""管他呢"等等，都是不正经的，都是以前书法家不肯写的，我才不管。

大家喜欢什么就买什么,所谓的"接地气"就是这么一回事。

返回香港后,倪匡兄说北京有那么多书法家,你竟然敢去撒野?我笑着:"大家对老人家还是客气的,所以现在七老八十才有勇气。"觉得最好的还有一幅,"双鬓斑斑不悔今生狂妄"。

可悬酒肆

我与荣宝斋由制作"用心"二字的木版水印而结缘,在二〇一七年底于他们的北京展览厅举行了我的行草展,获大家爱戴,全部售罄。再接再厉,二〇一八年的春天,在香港的荣宝斋再办一次。

为了求变化,我向香港荣宝斋的总经理周伯林先生提出,不如与苏美璐一起举办,周先生表示赞成,展名顺理成章地叫为《蔡澜苏美璐书画联展》。

苏美璐和我的合作,不知不觉之中已经三十年,连她的英国儿童图书出版商也觉得这是一件很难得的事。当今她在国际的名声甚响,《纽约时报》记载过:"苏美璐的作品充满光辉,每一幅都像日出时照透了彩色玻璃……"

她的插画获得无数奖状,尤其是一本叫《纽约孤鹰》(*Pale Male: Citizen Hawk of New York City*)的书,描述纽约的老鹰如何在"石屎森林"中骄傲地活下去的，图文并茂，值得收藏。

好莱坞奥斯卡影后朱丽安·摩尔（Julianne Moore）的儿童书《我的母亲是一个外国人，但对我不是》（*My Mom Is A Foreigner, But Not To Me*），也指定要苏美璐为她画插画。

这回联展，我自己有六十幅文字，选了她的六十幅图画，这些画都在以前我写过的文章中出现过。我每次看自己的专栏时，先看她的画，总觉得画比文字精彩，当今各位有机会可以买一幅。

至于我的字，看过师兄褚绍灿先生之前举行过的展览，各种中国字的形态他都精通，数百幅字洋洋大观，他实在是大家。我越看越惭愧，只能用我写惯的行草作字，其他的大篆、小篆和钟鼎文、甲骨文等，一概不通。

能够有机会办展览，也拜赐于我在其他方面的声誉，尤其是饮食界，很多人要我替他们的商店题字做招牌。我是一个商人，见有市场，就坐地起价，最先是几千元一个字，渐渐涨到一万元一个字，接着就翻倍，一翻再翻，当今已是十万元一个字了。

餐厅通常以三个字为名，共收三十万元。对方也是商人，也会精算，花三十万元买个宣传，不贵也。所以，越来越多的人叫我写，看样子，又得涨价了。

本来书画展都有一个别题，绍灿兄的叫"心手相师"。如果要我选一个副题，我一定会用"可悬酒肆"四个字。

的确，我的字都是游戏，尤其自娱，在写题下款时，很多书法家喜用某某题，但是买得最多的是"墨戏"这两个字。对于我，每一幅都是在玩。

也许是抱着这种心情，我可以放松自己，写自己喜欢的句子，绝对不会是"圣人心日月，仁者寿山河"那么古板，也不会是"岂能尽如人意，但求无愧于心"那么玄奥，更非常讨厌"业精于勤荒于嬉"之类的说教。

时常想起的是丁雄泉老师的画，虽然并非毕加索名作，但充满令人喜悦的色彩，挂在家中墙上，每天让看的人开心。我要的，就是这种感觉。

把幽默注入古诗之中如何，"思君令人老"为上句，下句是"努力加餐饭"，即刻有趣了。

简单一点，两个字或三个字也耐看，之前写的"开心"最多人喜欢，"无妨"也不错，"别管我"和"不计较"狂妄一点，再来个"不睬你""管他呢""谁在乎"。

一个字的，我最爱"真"和"缘"。以前在书展上，有人要求写个"忍"，我问对方："你结婚多少年了？"

回答："二十年。"

我说："不必写了，你已经是专家了。"

与其写"随心所欲"，我在北京时常听到他们的四个字"爱咋咋地"，也很喜欢。

长一点的，大幅的，写草书《心经》。草书少有人看得懂，但《心经》人人会念，每一个字都熟悉，细看之后说："啊，原来这个字可以这么写！"

另外，有黄霑的"沧海一声笑""问我""塞拉利昂下"，更是每一个香港人唱得出的歌词。

每次去看书画展，有些自己喜欢的书画，但都觉得太贵，基于此，这次也同上回书展一样，出一本印刷精美的纪念册。我的生意拍档刘绚强开印刷公司，加上他公司的杜国营是个要求完美的设计家，各位都可以随手拿回一册。

苏美璐为这次展览画的海报亦在现场出售，加上各种书法的衍生品，如瓷制、印刷等，价钱都平易近人。

香港书画展

香港荣宝斋举办的《蔡澜苏美璐书画联展》，从二〇一八年三月二十七日至四月三日为止，圆满地结束了，我拍了一张照片在社交平台发表，字句写着："人去楼空并非好事，但字画售罄，欢乐也。"

邀请函上说明，为了环保，不收花篮，但金庸夫妇的花篮一早送到，王力加夫妇一共送了两个花篮，陈曦龄医生、徐锡安先生、师兄襥绍灿、沈星和春回堂的林伟正先生、成龙和狄龙兄也前后送了花篮，冯安平送的一盘胡姬花最耐摆了。

倪匡兄听话，没送花，但也不肯折现，撑着手杖来参加酒会，非常难得他老兄近来连北角之外的地方也少涉足，来中环会场，算是很远的了。

酒会场面热闹，各位亲友已不一一道谢，传媒同事也多来采访。为了不能来参加的友人，我在现场做了一场直播，带大家走了一圈，亲自解说。

记得冯康侯老师说过，开画展或书法展也不是什么高雅事，还是要给到场的人说明字画的内容，这和推销其他产品没什么分别。

照了 X 光，医生说我可以把那个铁甲人一般的脚套脱掉，浑身轻松起来，加上兴奋，酒会中又到处乱跑，脚伤还是没有完全恢复，事后有点酸痛。

再过几天，我就不能一一和到来的人一起站着拍照了，干脆搬了一张椅子在大型海报前面，坐着不动当布景板，就不那么吃力了。

合照没有问题，有些人要竖着拍一张，横着拍一张，好像永远不满足。他们都很斯文，有的人看起来很有学问，但是最后还是禁不住举起剪刀手，他们不觉得幼稚，我心中感到非常好笑。

　　当我已经疲惫不堪时，其中一位问我站起来可不可以，我就老实不客气地回答："不可以！"

　　自己的字卖了多少幅，我毫不关心，倒是很介意苏美璐的插图，每天写电邮向她报告，结果颇有成绩。我自己买了三幅送人，一幅是画墨尔本"万寿宫"的前老板刘华铿的，苏美璐没见过他本人，但样子像得不得了，另一幅是画"夏铭记"的，还有一幅是画上海友人孙宇的先生家顺的，这应该是很好的礼物。

　　对于自己的字，有一幅觉得还满意，就是"忽然想起你，笑了笑自己"。第二个"笑"字换另一个方式，写成古字的"咲"，很多人看不懂，结果还是卖不出，直到最后一天，才被人购去，到底还是有人欣赏。

　　大多数是轻松的，只有一幅较为沉重："君去青山谁共游。"一位端庄的太太要了这一幅。见有儿子陪着来，我趁她不在时问她儿子为什么要买这幅，回答道"家父刚刚去世"，我向他说要他妈妈放开一点，并留下联络方式，心中答应下次有旅行团时留一个名额给她。

　　钟楚红最有心了，酒会时她来了一次，过几天又来，说当时人多没有好好看。当今各类展览她看得多，眼界甚高，人又不断地自我修养求进步，她一直那么美丽是有原因的。

　　想不到良宽的那一幅也一早给人买去了，来看的人听了我的说明，感谢我介绍这位日本和尚画家，其实他的字句真的有味道，下次可以多写。

张继的那首脍炙人口的诗，并不如他的另一个版本好，所以我写了"白发重来一梦中，青山不改旧时容。乌啼月落寒山寺，倚枕仍闻半夜钟"。也有人和我一样喜欢，买了回去。

有些来参观的人也带了小孩子，我虽然把他们当成"怪兽"，绝对不会自己养，但别人的可以玩玩，然后不必照顾，倒是很喜欢。好友陈依龄家的旁边有一家糖果店，可以印上图画，问我要不要。我当然要了，结果她送了我一大箱的圆板糖，一面印着"真"字，另一面印着一只招财猫。糖果一下子被人抢光。

那个"真"字是最多人喜欢的，我也觉得自己写得好，一共有两种，一是行书，二是草书。卖光了又有人订，一共写了多幅。我开始卖文时，倪匡兄也说过：你靠这个"真"字，可以吃很多年。哈哈。

对了，卖字也要有价钱表，古人书写有"润例"。郑板桥的那幅写得最好，好像已经后继无人了，结果请倪匡兄为了我作一篇，放大了摆在场内，可当美文观之。

这次书画展靠多人帮忙，才会成功，再俗套也得感谢各位，最有功劳的当然是香港荣宝斋的总经理周柏林先生和他的几位同事，他们说没这么忙过。公司搬到荷李活道（香港开埠后的第一条街道，位于中环），给了个固定地方卖苏美璐和我的字画。

在宣传方面，叶洁馨小姐开的灵活公关公司也帮了很多忙，在此致谢。

最感激的是各位来看的朋友，过几年，可以再来一次。

青岛书法展

二〇一八年十月六日至二十四日，我在青岛举行第三个书法展。

这次当然也有苏美璐的插图原画衬托，才能出色。我们俩的作品已一同走过三十多年，可以说得上是形影不离。从世俗上说的收藏价值来看，她的绘画远比我的书法高。

为什么要开书法展？好玩嘛。过程中，我会认识许多有趣的人，有今人，有古人，为什么他可以把这个字写得这么美？难吗？当然不容易，也不是不可能学得几分像样的。

"熟能生巧"四个字是一条康庄大道。不迟，不迟，我四十岁之前的字，用我爸爸的话说，是鬼画符。各位拿起笔吧，一定会写得比我好。

我想讲的是：书法不一定是闷的，乐趣是无穷的，有很多人一直往古板大道理中去钻，那就枯燥无比了。我拿起笔来，第一次写的就是"别管我",从此我要做什么就是什么,没有人管得了我做这些。我已经进入我自己的世界,我自由了。

上两次在北京和香港的荣宝斋展出之所以会成功,都是因为我不说教,在内容上尽量放松,甚至将俚语也搬了出来,来参观的觉得我像是一个"人"。

通过互联网和社交平台,如果你不能够来到青岛也不要紧,我会将每一幅展出的字陆续用新科技发表。如果看到喜欢的,你就可以在计算机上认购。会寄失吗?有根据的话,我重写给你就是。

我也可以为各位题上上款的,什么先生雅属等等字眼,不另收费用,而展览的目的在于多卖,任何方法都行,何必忌讳?

我的老师冯康侯先生也曾经告诉我:"别以为这是一件什么清高的事,我开书法展时,哪怕遇到俗人,也照样把内容解释一下。"

这教训得好,为什么要解释,不如把字写得易懂一点,将字句写得亲切一点,近人性一点,但也不必讨好买者而委曲自己,不会写上"祝您荣华富贵"等字眼。

第一个展览名叫"草草不工",那是我最喜欢的四个字,的确是草草,的确是不工。第二个展览题为"可悬酒肆",就是因为我的字有很多餐厅想要,也托福这群餐厅老板,字的价钱才能越来越高，实在感谢他们。展品中也有些投其所好的，像"一粒米中藏世界，半边锅里煮乾坤""世间浮云何足问，不如高卧且加餐"等等。

这一次的"还我青春火样红"，是我喜欢的句子，出自臧克家的诗："自沐朝晖意蓊茏，休凭白发便呼翁。狂来欲碎玻璃镜，还我青春火样红。"

我不爱新诗，它根本就是切断了的散文。这首旧诗平易近人，我非常欣赏。

至于展出内容，也和以往一样嬉笑怒骂。这一次，青岛出版社还替我出版了一本书法集，结合了前两次的展览，内容相当丰富。大家若有心买我的字，谢谢了，不然用不着花那么多钱，买本书法册好了。

这次还有些我喜欢的句子，像"趁早做完悔不当初事""今晚我要笑着睡觉""活得一天比一天更好""何必活得那么辛苦""仰天大笑出门去"等等，希望各位也爱看。

负责装裱的杜国营，是我的网上生意伙伴刘绚强手下的大将，做事认真，深得我心，这次展出也是由他和青岛出版社工作人员一起努力出来的，功劳不浅。

这次展览能办得成，主要还是感谢青岛出版集团的董事长孟鸣飞先生，他是我所遇见过的最优秀的领导人之一，说话一言九鼎，为人又亲切，谈吐幽默。每次和他聊天，我都愉快之至，怪不得他领导的团队，如总经理贾庆鹏、原副总编辑高继民、副总经理刘海波以及副总编辑刘咏，都是一流人才。

替我出书时，最初接触到的是该集团美食图书编辑部主任贺林和董事会秘书兼青岛城市传媒股份有限公司副总经理马琪这两位山东大汉。我和他们一见如故，也许是因为我和山东人特别有缘吧。

想起我当学生时，从日本背包旅行到韩国汉城（今首尔），在那里结识的一群热血青年都是山东人，开口闭口就是"吃之"，什么东西吃了才算数，记忆犹新。

这些朋友留给我的山东印象至今不忘，非常之美好。

另外，要道谢的是青岛新华书店有限责任公司董事长李茗茗。她知道我对没吃过的东西有浓厚的兴趣，就用山东的生腌螃蟹来引诱我。在食物没有吃到之前，她讲得天花乱坠，引得我口水直流，因为当时不当季，说得我心痒痒。

当然，我翌年又重访青岛，可惜肚子不适，说什么也试了好几只，但没吃出她讲的味道，我趁开展览非得再去吃一次不可。

另外一个重要原因，是每次去，马琪一定从青岛啤酒厂买两大袋啤酒给我喝。相信我，那是不同的，是好喝到极点的，是喝了忘不了的。

顺德行草展

我的行草展，从第一场在北京荣宝斋开完后，接着是香港荣宝斋，再到青岛的第三场，将来的第四场到哪里好呢？友人建议还是在珠江三角吧，好，就先到深圳、广州和几个大城市走一趟，考察展出地点。

来到了顺德，被当地朋友请去吃了一道叫咸蛋黄灌肥燶叉烧的菜，就即刻决定下来，第四场在顺德开，字一张都卖不出也不要紧，有几餐好的吃，已够本。

顺德以前去过好几次，每回都是走马观花，做电视节目时也不过两三天，这趟借开书法展的名义，从二〇一九年七月二十七日到八月十日，一共十五天，有足够时间让我在书法展之余，吃出一个精彩来。

首先介绍这道咸蛋黄灌肥燶叉烧。这道菜从扮相就深深地吸引着你，是聚福山庄构思出来的，用一管铁筒插入一条半肥瘦的梅头肉，灌入咸蛋黄，再用古法把肉烧燶，切成一片片厚厚的肉来，中间镶着流出油来的咸蛋黄，味道当然好到不能相信，上桌时众客已哇的一声叫了出来，非吃不可。

在准备期间和开记者发布会的时候，我也去过几趟，每次都有意想不到的菜式出现。有些是失传的古菜，有些是创新的美味，但不古怪，甚于传统。有些是名声已噪，不过到了小店吃到更好，像那双皮奶和姜撞奶，路经名店食时，奶淡如水，投诉后拿去再撞，撞了几回也撞不凝固，不如小店里自养水牛的奶汁，还有那貌不惊人的老姜，做出来的双皮奶和撞奶，简直是好吃到文字不能形容，各位要亲自尝试才知道我讲的是什么。

在试吃各种美味之间，我也会尽量地花一些心思，将传统的食物变出新花样来。譬如说顺德著名的凤眼果，夏天吃正是时候，传统的做法是先将凤眼果煲熟，与鸡块焗炒出香味，再焖出来。

如果加上同类的栗子，又有什么效果？我再添了大树菠萝的种子返去焖出三果来，吃客便会咦的一声问道："那是什么？"

日本人称这种不失传统但又创新的做法为"隐味"，像吃炸猪扒时配上的包心菜，有家出名的炸猪扒店特别好吃，原因在于把西芹丝混进去的"隐味"。

不过，与其吃一些著名的大菜，我还是喜欢吃粗糙的，那是受经济条件所限时做出来的东西。像当今的"龙舟宴"，又用鲍参翅肚，又用鸡鹅鸭，就不如把"节瓜煮粉丝虾米""豆角炒萝卜粒""鲜菇炒鲮鱼丸"之类粗菜混入大锅中的"一锅香"好吃。这次回去，我就要去找这些来吃。

说到粗菜，上次去"猪肉婆"，弄出十几碟大菜来，吃到最后，还是他们家做的"油盐饭"最佳，几个朋友各吞三大碗，面不改色。

去到顺德，不吃河鱼怎对得起老祖宗。上回去，有一家卖鱼生卖得出名的店请我吃饭。当今香港人已不太敢尝试鱼生，不过人家吃得上千年的东西，浅尝又何妨。

我问主人家，鱼油呢？回答说不卖了。什么？不吃鱼油才是真正对不起老祖宗。从前我们吃鱼生，还会添上一碟尽是脂肪的鱼肥膏。我下回去，一定会要求来一碟鱼油。

猪杂粥也会去吃，香港一般都有卖，"生记"做得也不会比顺德人差，我去寻求的是猪杂的原始做法和精神。举个例子，洗猪肚时要用番石榴叶子加生粉去除馊味。还有那原汁原味的猪红，顺德人特别懂得炮制，吃了真是可以羡慕死政府禁止血类制品的新加坡人。

海鱼一养就逊色，河鱼不同，可以养出与野生几乎同味的河鲜来。顺德人还有一种特别的养殖方法叫"桑基鱼塘"，勤劳智慧的祖先在渍水的地势，就地挖深为塘，用泥土覆了四周为"基"。基上种桑，用桑叶喂蚕，用蚕的排泄物饲鱼，形成"桑肥蚕壮，鱼大泥肥"的良性循环，当今珠江三角洲各地已见少卖少，只剩下顺德还有一些。

鱼肥不在话下，桑叶的美食有"桑叶扎"，是不承传便会失去的点心之一，将各种时令蔬菜切丁，用鲍汁提鲜，再裹上桑叶汁制成的皮，翠绿可喜，别开生面。

桑基蚕香这道菜，用蚕茧、墨鱼、夜香花、烧肉、淡口头菜叶切碎，炒至焦香，裹以鱼胶，表面蚕丝，用威化纸切成。

至于甜品的伦敦糕，我们怎么做也做不过欢姐，在我的点心店卖，也只有向欢姐入货，这是对当地美食的一种敬意。这回去了，听到有些人说另外一家比欢姐家好吃得多，非去试试不可。

一般客人对白糖糕的印象只停在"带酸"的程度，不知白糖糕应该是全甜的，希望能吃到更上一层楼的味觉，再向他们入货，这一点欢姐不介意吧？

虽然酿三宝没什么特别的地方，但酿鲮鱼能让外国人惊叹，做得好的餐厅不多，这次希望吃到最佳的。什么是最佳的？我不停地说，是比较出来的。

本来想把做好的资料一一告诉大家，写到这里，发现才说了十分之一，请各位耐心等待，我会再三细诉。

顺德，我来也。

古董买卖

和一位美女古董鉴赏家聊天。

"如果我家里传下来一件旧东西，要怎么处置？放在家里几十年了。"我问。

"要是假的，放一百年也没用。"她笑了。

"这我知道，但是有什么途径辨别一下？是不是一定要拿到拍卖行去？"

她娓娓道来："当然可以，但是你要知道，所有古董的买卖，拍卖行占了不到十分之一，多数是行家和行家之间的交易。"

"要怎么样才能接触到行家呢？"

"所有的字画、玉器、瓷器、铜器等等，都有一个小圈子，只要你认识其中一个，由他介绍和推荐，就可以帮你鉴赏。但是，一定要有特别的关系，这些人不会贸然替你看。学问，到底是值钱的。"

"照你这么说，可就难了，什么人都不认识的话，也只有去拍卖行了？"

"可以拿去试试看。"

"拍卖行也不知道我是谁，他们会见阿猫阿狗吗？"

"好的拍卖行不会错过任何有可能成为交易的机会，有些甚至设有一个柜台，在办公时间替客人鉴赏。"

"这么说，拍卖行最可靠？"

"也不是，如果当天拍卖行的这个专家是一个所谓全能的人（Jack of all trades），也不一定看得懂。你要知道，每一种艺术都有一类专门的人花一生去研究，这才看得出作品的真假。"

"如果给他看中了，下一步是什么？"

"他会替你拟订一份合同，说卖成了收多少佣金，你也得付保险费、包装费和拍照记录费及运费等等，卖得成的话，从款项中扣除，卖不成你得付现金。"

"通常收多少？为什么要收运费？"

"从百分之十到百分之二十，看你怎么交涉。他会建议某种东西在某地市场才卖得高，运费就发生了。"

"如果在拍卖行中卖不出去，可以拿到另一家试试看吗？"

"用我们行内的术语，这件东西已经燃烧（burned）了，很少人会再去碰。这个圈子，到底不大，大家都知道。"

"拍卖是你争我夺，我可不可以先拿一件东西，叫两个自己人去提高价钱，然后再卖出去呢？"

"什么欺诈的行为都会发生，这一招是老掉牙的，能到拍卖行去的人都不是傻瓜。如果一件作品没有那种价值，是逃不过这群人的眼光的。"

"但是，在拍卖行买到假货的例子也有呀。"

"不但有，而且经常发生。"

"那么，可不可以告他们？"

"这些所谓的专家，都是从买到假货学起的。一般，都不出声，咕的一声吞下去，当成交学费。如果要证明这是假的，也要有被公认为专家的人肯替你出头，这样拍卖行才会赔偿你。不过，和你签订的合同上有很多行小字，都是保护他们的。要告人，没那么容易告得赢。"

"你刚才说还有十分之九的买卖靠专家，那么专家会不会到拍卖行去参加拍卖呢？"

"东西一经拍卖行，一定先把价钱提高了。不过，专家也会去拍卖行，因为他们不会放过买到好东西的机会，虽然他们很少出手。"

"在古董商店能不能找到好东西呢？"

"机会不多，但有可能，而且价钱乍看之下很贵，不过不会贵过拍卖行。"

"那么行家和行家之间的交易又是怎么样的呢？他们怎么卖出去？"

"要成为行家，一定要从另一个行家身上学习，在学习过程中认识其他行家，做人诚实，才会被大家接受。这一行的圈子很窄，互相有一个网络，互相介绍好东西。他们也会在各个重要的艺术展览会中陈设一个展示厅，爱好者自然聚在一起。"

"旧的卖光了，新货呢？"

"人们成为专家后，对收藏品是很热爱的。如果他们放出这些收藏品，它们就会成为货源的一种。有些是普通人家卖出的，像中国好些古董流散到欧美去，要是打听到有一两件，马上就乘飞机去看。"

"会不会白跑一趟呢？"

"之前会有数据参考，值得去才去。当然，初入行的时候会走很多冤枉路。"

"怎么成为专家？成为专家要花多少年？"

"像当铺的学徒一样，从眼光学起，看多了，失败多了，才能学会。要二三十年功夫吧？最重要的是，自己有一分热诚，对这些东西有无穷的爱好，才能坚持下去。你问了那么多，你有很多收藏要卖吗？"

"呸呸呸，收藏了，还要拿出来卖，倒祖宗十八代的霉了。"我说。

她又笑了："你不是在骂我吧？其实，买了卖，卖了买，越来越精，那种乐趣也不是一般人能够享受到的。"

杨逸丰作品

到番禺试菜，顺道去佛山走一遭，探望一位小朋友，看看他的新作。

接触杨逸丰，是从他的"十二生肖"开始的，吸引我的是猴子的造型。

"为什么你做的猴子不像猴子，而像一只大猩猩？"我问。

他回答得直接："从小我就觉得猴子的形象像人，所以做出来的猴子比较像猩猩。我的动物，都像人；不像人的，我做不出。"

再看他做的鸡，瞪着大眼睛，也的确像人。一片片的羽毛，都是亲自捏塑之后排列上去的，一丝不苟，抽象之中带着写实的基本，盎然生趣，喜欢得不得了。鸡的大小不一，连最小的迷你版，也是同样把羽毛细心地镶进尾部再烧出来的。

工作室中，灯光不足，地方简陋，年轻的太太正在抱着穿肚兜的婴儿烧菜，当然没有自己的书。

"上次因为家人住院，连租窑的租金也差点付不起。"他淡淡地笑，没有苦涩。

"卖多一点你的作品，就够钱请个助手，多生产一些。"我建议。

他又笑了："我爱亲手搓到泥沙的感觉，这是一种享受，不分给别人。"

在"一乐也"中，他的陶艺最受客人爱戴，可惜存货不多，有客人要求，只有请他尽量赶出来。

"你要的财神做好了。"他说。

最初以为他只做动物，不会塑这些带有铜臭的造型。当今一看，这些人物着实可爱，先用泥塑做出一个矮胖的人物，再用瓷器境出露着一排洁白的牙齿，竖起大拇指，一点俗气味道也没有，但像动物多过像人。他的作品越来越进步，越来越成熟。

看着这尊财神，我多希望它抱着的元宝，是属于艺术家的。

"一乐也"开在中环惠灵顿街十七号的香港商业大厦三楼，就在"铺记"对面，很容易找到。

宜春帖子

离农历新年不到一个多月，眨眼就到，是时候写些宜春帖子了，摆在小店"一乐也"卖。

长条四字的挥春，正经的有"龙马精神""四季平安""大展宏图""步步高升"等等。看惯了，没有意思。

至于大家所求的"横财就手""如鱼得水""不劳而获"等等，对神明的要求太高，又不肯付出代价，哪有这么方便让你达到目的？

既然是说说而已，不如写些比较过瘾的，像"铺铺双辣""马仔听话""中六合彩""抱美人归"。

有些开食肆的朋友，除了对"生意兴隆"感兴趣之外，当然跟着要求写"客似云来"等句子。这些都是老掉牙的，毫无新意。

不如来些调皮捣蛋的字，像"大鱼大肉""吃喝玩乐"等。店家和客人都想要的，是"食极唔肥"。

我上次去了上海，当地一位女记者也向我要这个意思的句子，但是上海人听不懂"食极唔肥"，我就为她题上"怎吃都不胖，胖了也好看"，惹得她大乐。

挥春不一定和金钱、健康有关，带点浪漫更好，像"相思又一年""此情不渝""一点相思"等。

描述狂妄的字有"大癫大肺""天不管地不管""狂又何妨""我行我素"。

思想上的快乐更重要，有"笑个半天"。

讲到春联，我从前最喜欢的有"处处无家处处家，年年难过年年过"，人家都嫌太过悲观；但像"竹报平安春复在，花开锦绣月常圆"等，我又嫌太俗。

想不出什么好句子，只有乱来，平仄不分，字不相称也不要紧，只要大家喜欢，和而不同就是，所以写了"年从麻将声中过，春向马场赢回来"。最后，我发现最受欢迎的是"蒙蒙查查度岁月，戆傻乎乎过一年"。

挥春

小店"一乐也"的同事说："挥春一下子卖光了，得继续写。"

价钱定得很低,名副其实的薄利多销。写就写,磨好墨,准备好纸。

第一次用毛笔写春联,发现红纸不上墨,怎么写也写不上字,即刻跑去请教冯康侯老师。老师总有答案:"有两种办法,第一种办法是用厕纸把红纸表面上的那层油擦去,第二种办法是在墨汁中滴一两滴洗洁精。"

我还是很爱惜用惯了的这支毛笔的,就采取了第一种方法。除了红纸之外,我买了烫金的黄纸,字迹看起来更清楚。

同事说:"先写客人指定的吧。"

这可好,不但卖得便宜,还可以下订单呢。我说:"他们要写些什么?"

"'雄霸四方',一共十张。另外有'以和为贵',一共二十张。"

"喂,"我问,"对方是不是黑社会?"

"'食极唔肥',最多人买了,多写些。还有'铺铺双辣'。"

"好,照写不虞,客人的要求是命令。还有呢?"

"生意兴隆。"

"这是开餐厅的人要的吧?"

同事点头:"跟着是'足数交租'。"

一听到,有点悲哀,当今的食肆,赚的全部交给业主,真是生意难做。

"还有呢？"

"'业精于勤'，家长要的。"

"我最不喜欢这一类的励志句子，这是理所当然的事，其实'业精于嬉'不行吗？"

"家长还要你写'生生性性'。"

我笑着说："这是广东人才听得懂的，洋人写中文的话，还以为是'Born To Have Sex'呢。"

虞公窑

当年要推出我亲自监制的月饼。

味怀旧，和儿时吃的一样。皮薄如纸，一看就知和其他月饼有别。

木盒包装，开闭处有一块像古时封泥的东西，希望用陶器制造。说到陶器，即刻想起石湾"虞公窑"的曾氏兄弟，专程登门造访。

哥哥曾力的观音，造型古朴，遵守着唯美的感觉，令人看得如痴如醉。弟弟曾鹏的陶艺涉足甚广，花瓶、笔画筒、钱钵甚至佛像，一经他手，抽象生趣，有如儿童作品那么可爱。

父亲为石湾传统的陶艺家曾良，兄弟二人从小受熏陶，长大后又正式在艺术学校受过严格的训练，在各方面的条件都足以成为石湾大师，是当今陶艺界中杰出的人物。

二人的作品目前已销到世界各地，在敦煌旅行时看到纪念品店出售的观音头像，就出自他们的手艺。中国台湾有家商店专门卖他们的东西，加拿大也有代销处。中国香港的国货公司和花墟的"乐天派"也陈列着他们的作品，在其他商店，赝品已面市。

虞公窑不好找，但以佛山机场为目标，再打电话给曾氏兄弟的拍档潘永强，让他前来带路。

虞公窑占地甚广，作品摆满各处，一看杂乱无章，但亦分形象、上釉、烧窑各部分。另有一间教室，曾力用来教导学生。还有数十位志同道合的工友一起制作。

说明来意，曾鹏兄表示那是小意思，拉着我说："来，我来让你看看我的新朋友。"

外面堆的巨木，形状古怪。

"你猜中了，是旧船拆下来的木头。"曾鹏兄说，"我们买了好几百吨。"

"干什么用的？"我摸不着头脑。

"看了你就知道。"他笑得像小孩子。

另一个工厂里，大家忙着锯木和打磨。

出现在我眼前的是一张张桌椅，电视柜和书架都自然浑厚，极有重量感，看得我叹为观止。

"已经浸在水里几十年，而且又是南洋最坚固的木头，这种家具用个十辈子也不会坏。"曾鹏兄说。

明式家具已经充烂市，有这种变化意想不到，既实用，又是一件艺术品，而且每一件都是原创的，世界上哪里去找，欧美人士一看到更会如获至宝。

"做出来不容易。"我感叹。

"所谓烂船也有三斤钉。"他说，"船木充满大铁钉，将它们起出来，加上填洞，已经花了很多功夫。"

"买新木头来做不是更方便？"我这个俗气冲天的人说，"要多好有多好！"

"新木头要砍树。"他的答案单纯，"这些不必。功夫花得再多，也是值得的。"

听得惭愧。

这时哥哥曾力跑进来，拉我到他的工作室看他的新作品。啊！这是一尊老者像，面部充满智慧的皱纹，与他从前的写实佛像造型有别。这一尊更写意，更耐看。等待弟弟曾鹏又回头去写生时，又是新玩具一件。

"我把这尊东西叫为师傅，你认为怎么样？"曾力哥笑着问。

我当然举手称好，请他割爱。

走到展示厅，见一观音，脸部慈祥，白色造型有如木头雕刻出来的瓷器。这是曾力哥心爱作品。我一生追求完美的观音，终于给我找到了。

"到我们家里去坐坐。"曾鹏兄说。

在离虞公窑不远的一个临江住宅区，可以买地不买屋，自己建造。兄弟俩建了相连的三层楼，由读建筑的曾鹏嫂设计，一层搭一层，住起来像座五楼的屋子，家中布满船木家具和自己做的陶艺，令人目不暇接。

"给你一张画。"曾鹏兄说完，拿出一幅莲花和蜻蜓的水墨，题着"无中生有"四个字。

"我们搞创作的，都是无中生有嘛。"他笑了。

坐了一会儿，吃饭去。在川边的一家河鲜酒家中，等菜上桌时，曾鹏兄说："前一阵子黄永玉老师来过我们的窑，要了很多陶器拿去他的万荷堂摆设，我父亲和他从前在北京是同一组的，为美术馆做事。他常拉我父亲偷跑去钓鱼，两个人像逃学的学生。"

"知道你们是老人家的儿子才来的？"我问。

"不是。"曾力哥说，"是来石湾买陶器的，领导带他来的，才知道我们是老友的后代，要了很多件，并说明不肯付钱。"

"我们说不付钱不要紧，画画呀！"曾鹏兄笑了，"他老人家兴趣大发，画了很多张，反而是我们赚到了。回到物物交换的时代，多好！"

我心想曾鹏兄也送我画，我不知道回送他几罐自己制造的咸鱼酱，算不算物物交换？我绝对不吃亏。

菜来了，当今河鱼不肥，也吃得过，但最美味的还是风干的小鱼，蒸起来鲜甜得很。

吃完饭，店主硬要我写几个字，我说有两位真正的艺术家常来，你怎么不请他们写？有眼不识泰山！

曾鹏兄不经意地在纸上画了一个留着五柳的老头，挽着一尾鱼。他跟我说："我画画，你题字。"

好，我落墨："咸鱼好食。"

只听到背后的侍者议论纷纷："我们的河鲜更好吃呀！怎么又画了那么一个公仔？"

曾氏兄弟和我相视而笑，大步走出餐厅。

花钱专家的梦

有些人说有钱不知怎么花，我听了大笑不已。花钱，我是专家。

"中了两亿港元的六合彩，一年花光很容易。"朋友发表大论，"一下子花光就很难。"

谁说的？给我两亿港元，我去买张毕加索的画，还不够呢。

钱不花就不算钱，这是老生常谈。阿妈是女人，谁又不知道呢？但偏偏有人不会花，将赚来的钱存进银行，结果多一个零少一个零都不知道。

如果我有一笔额外的收入，一定拿百分之十到百分之五十来花。这才能感觉到钱的价值。我还有不接受任何劝告的习惯。叫我别花，我就花得更厉害，所以比率是百分之十到百分之五十。但是我有自制，是不会超过五成的。

我年轻时的梦想：买个小岛，一个人住，设一电影院，把世界古今电影收集起来，要看什么就看什么。

朋友笑我："那么至少要有一个放映师呀！"

当今这个梦想也不是不可能实现。穷国家的小岛还是买得起的，至于电影，都已出了 DVD，集中起来方便，更不必靠放映师了。

"寂寞起来怎么办？"友人又问。

"寂寞起来，用私人飞机把朋友接过来，再用飞机送他们走呀。"我回答。

"那么飞机师呢？"朋友又笑。

"来了即刻走，不许停留在岛上。"我说。

近年来，这个想法有点改变，活到老学到老，我要自己学会怎么驾飞机。

"四人座的飞机，驾驶起来也不难。"友人承认。

谁说是四人座？要买的话，买架波音 747。

"请的只是几个朋友，要那么大的来干什么？"友人问。

哼！哼！飞机当然越大越好了。那些所谓的富豪的小型喷射飞机有一个卧室就以为了不起，我要是有私人飞机，一定先建一个大厨房在中间。

我也不会忽视安全，弄个大排档式的明火炉子。依照规律，一切加热可矣。许多加热的食物比现煮的更好吃，像炖汤类和红烧类。

那么大的厨房，设有铁板烧总没有问题吧？买最好的神户三田牛肉，让友人围在铁板旁边进食，最多减少加 XO 白兰地燃火的过程。

大烤炉也是安全的，中间可以放一只新疆产的羊进去，慢慢转，等到香味喷出才请大家去吃。

摆个寿司档更方便，这么多年的吃鱼生经验，已学会怎么捏饭团切鱼片，卷一条太卷寿司也拿手。

坐飞机，友人也许没有胃口，那么烧咖喱是最受欢迎的，不然来碗蔡家炒饭，最多借助无火煮食器，当今发明的热量也够用。

接住在荷兰的丁雄泉先生来的时候，先飞到中东的食材店进货，买些香肠。那里有一种肠，由鸡肠灌起，再灌鸭肠及鹅肠，一层层到羊肠和牛肠。丁先生喜欢吃，我记得。何乐不为呢？

"波音飞机上有没有卡拉OK？"有些朋友问。

那还不容易？迪斯科也有一间，卡拉OK算得了什么？不过我不会走进去，最讨厌人家唱卡拉OK了。

除了厨房，浴室也重要。飞机先飞日本名古屋，吸大量的下吕温泉泉水，灌进飞机上的喷射泉中加热。灯光由池底打上。

没有文化气息也不行，机内设有一张大紫檀的画桌，请书法家画家友人雅集，叫头上结了两个圆髻的四个丫鬟磨墨捧纸，这样才有情调。

飞机遇到不稳定气流，绑安全带是一件姿态不美的事。不如设一张大床，被单塞进在垫下，像韦小宝一样和几个女人大被同眠，也不会从中飞出。

还有，还有……

不实际！想得太多没有用。

包架飞机去内地玩倒是可行的。

从赤鱲角出发，先飞桂林，游山水，吃马肉米粉，住的都是当地最好的酒店。

再飞去看黄山。

到昆明之后可去的地方更多，丽江呀，大理呀，去普洱喝普洱茶，也很过瘾。

接着飞丝绸之路，最后到新疆的大草原去，再直飞返回香港。

一个星期到十天，可以走遍内地值得去的地方。

和友人商量过，这个方案行得通。从今开始设计行程，预订旅馆和餐厅，希望在三个月内组织好这一个旅行团。如今新型飞机有很多，有经验的飞机机师也大把，安全第一，有顾虑的朋友大可不参加。到我们这个阶段的旅行者，多数已享尽人生，没有什么挂碍的。

亏本生意没人做，这一个旅行团当然有收入，不过薄利罢了。不管赚多少，要想做花钱专家，得先学会赚钱。

美食与生活

面痴谈面

又要写有关面的内容了，对于我这个面痴，再聊三天三夜也谈不完，但讲来讲去，都是从前说过的话题，就像面本身，吃来吃去还是面。面，有个基本的味道，最家常，重复了又重复，百食不厌。

一般，你是什么地方的人，就喜欢吃什么地方的面，不可有反对的声音，否则就要打架。我自认没有偏见，所以我不认为潮州菜特别好吃，反而爱沪菜的浓油赤酱。

面，并非潮州人的特长，他们的裹条，也就是广东人所谓的河粉，做起来，比面还要出色。基本上，我喜欢的是带有碱水的，加上鸡蛋或鸭蛋，黄澄澄的，且很有弹力的面，代表性的是中国香港的云吞面、中国福建的油面和日本的拉面。

白色的、不加蛋也不加碱水的北方面，则全靠浇头和汤底。不然，加酱油炒一炒的上海面也很香。兰州的拉面，尤其是拉得毛细的，也爱吃。

粗条的面大多不入味，这是一般人的印象，但也有例外，只要煮面的功夫好，还是会做得很好吃的。像在西安吃的面，宽大无比，有皮带面的外号，以为一定煮不熟、煮不透，但经当地人一炮制，汤的味道进入面条中，非常好吃，改变了印象，也是可以一吃再吃。

大致来说，我喜欢炒面多过汤面。而汤面之中，我爱吃干捞的，觉得面没有浸在汤中，更能吃出面本身的味道。所以吃云吞面时，多是干捞，面条烫渌得刚刚够熟，不软也不硬时最好吃。

炒面之中，我认为最好吃的是马来西亚"金莲记"的炒福建粗面。其做法一点也不简单，一定要用猪油和猛火，一面炒一面撒大地鱼粉，下大量的猪油渣。味觉并不能用文字来形容，马来西亚又不是很难去，试过就知道我讲的有多香。

也别以为我一直强调猪油不健康，面和猪油是一种完美的配合。试试看去上海馆子叫一碗葱油拌面，要是用的植物油，那就完蛋，不吃好了，饿死算了。

可怜当今的沪菜馆子大多数不用猪油，也有克服的方法，那就是叫一客蹄髈，把飘在表面上的猪油捞起，淋在面上。

说回炒面，印度尼西亚的炒面也很不错，还有印度的炒面，虽不用猪油，但也有独特的风味。不过，去了印度，就没有印度炒面了，印度炒面在新加坡或马来西亚才有。

也别以为我挑剔，不能吃方便面，其实我很喜欢吃方便面，不能想象没有方便面的日子。当今马来西亚生产的各种高级的方便面，都很好吃。日本东京的方便面，最美味，最容易入味，像日清食品的元祖鸡面，我旅行时必备一包。

炸酱面只有北京人才喜欢，最讲究的配料一张桌子也摆不下，用上手擀面、蒿条、韭菜扁、帘子棍等等，酱也要用鲜黑酱，才不苦涩。但是，我在北京吃的炸酱面，没有一次让我满意，也不怕北京人骂，我还是爱吃韩国人当今认为是他们的"国食"的韩式炸酱面。

讲到豪华，最厉害的还是"天香楼"的蟹粉面。这哪里是粉？简直是蟹肉、蟹膏蟹黄的精华，一大堆盖在面上给你慢慢去捞。天下最贵、最好吃的面，也只有这一碗了，但是吃时要趁热，而且最好是下点专门用来吃大闸蟹的醋，不然会有腥味。

说到面，避不开日本拉面，普通的有日本筑地场外市场大街上的"井上"，将叉烧、葱以及笋大量地加，卖得也很便宜。前阵子突然大火，以为会波及这家店，但是去了后发现，它照常营业。最好吃的还有大阪黑门市场角落的那一档，大量猪骨熬汤，配料有弹牙的黑木耳丝、红姜丝、菜心泡的咸菜、叉烧等。但说到最爱,有一年金庸先生请我们去东京,入住帝国酒店,对面日比谷公园入口处有档猪骨拉面,在冬天下大雪时光顾,见小贩拿一个竹箩,箩上摆了一大块肥猪肉,用手弹箩,白色的肥猪肉熬得稀烂,一粒粒地掉在汤中。当今小贩摊子已不摆了,一切成为记忆。

能吃到的,当然还有中国香港的云吞面,比如深水埗的"刘森记",以及各地的"何洪记""正斗"等等,随时随地吃它七八碗吧!

前些日子,有人说我做的干面条好吃,趁现在也打个广告,那是我和一个姓管名家的人合作的,他做的面条是一吨一吨地拍卖,我跟他说能做多少,不如出干面,他答应研究研究,这一研究就是三年。我耐心等待,试验成功后,只要煮两分钟就熟,煮过了也不会失去弹性。他做的是全蛋面,我替他配上我认为世上最好的"老恒和"酱油,这种酱油一小瓶就要卖到三百元,我也不惜工本用了,再配上我们工厂自己熬的葱头猪油,吃过的人无不赞好,当今只能在网上买到,只要上淘宝或天猫,点进"蔡澜花花世界"就可以邮购。

靠吃起家的人

我们戏中的主角,是一位电视烹调节目的主持人,要在墨尔本借一间屋做他的家，看了数十户，终于决定在一个叫罗拔·洛沦的住宅拍摄。

这是一间三层楼的旧工厂改建的，在市中心的后巷中，每层有近三百平方米。一进门，楼下是车房，停了三辆车，红色法拉利是晚上两人烛光晚餐时用的，蓝色奔驰是上班用的，路虎是到郊外野餐用的。

上楼，楼梯壁上挂着主人儿时的照片，还有他的父母、兄弟姐妹，以及在学校、毕业、当海军、退伍、到世界名胜旅行、上高级餐厅、巡视工作环境等照片，这些说明了他的一生。

主人六十岁，看来只有五十岁，很英俊。一家出名的制衣公司还请他当模特，拍摄恤衫的海报。

二楼客房有四五间，洗手间也同数目。三楼主人房，只有一张巨型的床。浴室中有个原始的花洒，很大，水直接冲下那种，不像现代化的那么小又不实用，另一旁有个大耶古齐浴缸，其他浴室用品应有尽有。

从浴室出来，是主人换衣服的地方，领带室中有几百条不同颜色和花纹的领带。恤衫、西装、大衣更是无数。

但是，最吸引我们的是他的厨房，占着半个厅，有近一百平方米，厕所和厨房没有间隔。厨房的中心是一个钢片做的大柜子，比十二个人坐的餐桌还大。

中间有两个凹进去的洗濯室，各有强力水龙头，开关是一条长铁枝，用手臂，不必靠沾了油腻的手指拧转。

洗濯和切菜等在这里进行，钢柜后面有两个大烤箱，旁边是九个头的火炉，四个用电，四个用煤气，最大的那个烧中国菜，凹进去装半圈的镬，火头特别猛。

炉灶后面是食品贮藏室，把当年工厂的电梯保留，一切食物购入后，从车厢取出，放入电梯，一按钮，便送到三楼。

两个大雪柜，再有一个酒窖。

打开壁上的柜子，锅锅鼎鼎，还有数十把不同大小的利刀。调味品的瓶子按着英文字母排列，中国酱油特别多，连台湾的荫油酱油膏也齐全。蚝油是九龙城街市购入的那种，并非李锦记。

是的，一看就知这主人喜欢吃，而且是靠吃起家的。

"人家都以为我生长在一个富有的家庭，其实我们只是小康之家，这种纨绔子弟的享受，是我后来才学回来的。"罗拔说，"我喜欢吃东西，这是我的天性。有些人好吃，但不去研究，我一向爱问长问短，久而久之，便学了很多对食物和烹调的知识，成为食家。"

接着，他说："很多有钱人并不会吃，他们请客时也不知道什么是最好的，虽然肯花钱，但也达不到目的，就来问我。我帮他们设计，他们的客人都吃得很高兴，生意也做成了。为了感谢我，他们出资，我便开了一家外卖公司，专为婚礼和生日到会，生意越做越多，公司越做越大，连国宴也包来做。"

"恭喜你了。"我说。

"但是有天生的局限。"罗拔说，"我想把饮食事业发扬光大。"

"开餐厅？开连锁店？"我问。

"不，不。"罗拔说，"我当然也开过餐厅，但是太困身了。一家餐厅，历史越长越好，能保持一定的水平，不是做一两年的事。要保持水平，餐厅主人非盯得很紧不可，我没有那种耐性。做快餐厅嘛，还是让美国人去经营吧，我从来没有走进快餐店一步，这和我的性格格格不入。"

"那么，怎么一个发扬光大法？"

"要走，就走别人没有走过的路，我必须有一个新主意才有兴趣干。"

"什么新主意？"

罗拔解释："现代化的大机构，都注重员工的福利；吃，当然也是福利的一种。我看了许多大机构的食堂，做出来的菜糟透了，我的主意便产生了。我向那些大机构的主席说，'我可以用同样的价钱，把食物弄得更好'。他们听了当然高兴。饮食这一门，不一定是越贵的东西越好吃。再进一步，我给他们的食堂布置一下，我自己也有许多藏画，借给食堂当装饰，弄成一个情调更好的环境。"

"现在我经营的食堂包括蚬壳石油和最大的百货公司梅耶，它们的食堂变成比市中的名餐厅更好吃的地方，大家都在问有没有朋友在这些机构里做事，能不能把他们带进去吃一吃。"

"到会还做不做？"

"看对方，要是他们特别指定，我还是做的。'鳄鱼先生'男主角与财阀亚伦·奔达的儿女结婚，都是我包办的酒席。"

"住在墨尔本这个都市，能满足你吗？"我最后问。

罗拔笑了："人总要一个基地，墨尔本是我的基地，我想去世界上哪里玩，就去哪里玩。基地怎么闷，也闷不了我。"

怀念吃饭盒的日子

电影工作，一干四十多年，我们这一行总是赶时间，工作不分昼夜，吃饭时间一到，三两口扒完一个饭盒。但有饭盒吃等于有工开，不失业是一件幸福的事。吃起饭盒，一点也不觉得辛苦。

"不怕吃冷的吗？"有人问。我的岗位是监制，有热的先分给其他工作人员吃，剩下来的当然是冷的。习惯了，不当这是一回事。当今遇到太热的食物，还要放凉了才送进口呢。

多年来南征北战，嚼遍各国各地饭盒。印象深的是中国台湾的饭盒，送来的人用一个巨大的布袋装着，里面有几十个圆形铁盒子，一打开，上面铺着一块炸猪扒，下面盛着池上米饭。

最美味的不是肉，而是附送的小鳀鱼、炒辣椒豆豉，还有腌萝卜炒辣椒，简直是食物中的"鸦片"。当年年轻，吃上三个圆形铁饭盒，面不改色。

在日本拍外景时的便当，也都是冷的。没有预算时，除了白饭，只有两三片黄色的酱萝卜，有时连萝卜也没有，只有两粒腌酸梅，很硬、很脆的那种，像两只红眼猛瞪着你。

条件好时，便吃"幕之内便当"，这是看歌舞剧时才享受得到的，里面有一块腌鲑鱼、蛋卷、鱼饼和甜豆子，也是相当贫乏。

不过，早期的便当会配送一个陶制的小茶壶，异常精美，盖子可以当杯。在那个年代，这不算什么，喝完扔掉。现在它可以当成古董来收藏了。

并非每一顿都那么寒酸，到了新年也开工的话，就吃豪华便当来犒赏工作人员，里面的菜有小龙虾、三田牛肉，其他配菜应有尽有。

记得送饭的人一定会带一个铁桶，到外景地点生火，把那锅味噌面酱汤烧热，在寒冷的冬天喝起来，眼泪都流下，感恩，感恩。

在印度拍戏的那一年，天天吃铁饭盒，有专人送来，这家公司一做就做成千上万份，蔚为奇观，分派到公司和学校。送饭的年轻小伙子骑着单车，后面放了两三百个饭盒，从来没有掉下来过一个。

里面有什么？咖喱为主。什么菜都有，就是没有肉，印度人多数吃不起肉。工作人员中的驯兽师，一直向我炫耀："蔡先生，我不是素食者！"

韩国人也吃饭盒，基本上与日本相似，都是用紫菜把饭包成长条，再切成一圈圈，叫作"Kwakpap"，里面包的也多数是蔬菜而已。

豪华一点，早年吃的饭盒有古老的做法，叫作"Yannal-Dosirak"，饭盒之中有煎香肠、炒蛋、紫菜卷和一大堆泡菜，加一大匙辣椒酱。上盖，大力把饭盒摇晃，将菜和饭混在一起，这是石锅拌饭原型。

到了泰国就幸福得多，永不吃饭盒。到了外景地，有一队送餐的就席地煮起来，各种饭菜齐全，大家拿了一个大碟，把食物装在里面，就分头蹲在草地上进食。我吃了一年，拍完戏回到家里，也依样画葫芦，拿了碟子装了饭躲到一角吃，看得家人心酸，自己倒没觉得有何不妥。

到了西班牙，想叫些饭盒吃完赶紧开工，但工会不许，当地的工作人员说："你疯了？吃什么饭盒？"

天塌下来也要好好吃一餐中饭，巨大的圆形平底浅铁锅煮出一锅锅海鲜饭来，还有火腿和蜜瓜，入乡随俗，我们还弄了一辆轻快餐车，煲个老火汤来喝，中国香港的同事们问："咦？在那里弄来的西洋菜？"

笨蛋，人在西洋，当然买得到西洋菜。

在澳大利亚拍戏时，当地工作人员相当能挨苦，吃个三明治算了，但当地工会规定吃饭时间很长，我们就请中国餐馆送来一些饭盒，吃的和内地的差不多。

还是在中国香港开工幸福，到了外景地或厂棚里也能吃到美味的饭盒，有烧鹅油鸡饭、干炒牛河、星洲炒米等等。

早年的叉烧饭还讲究，两款叉烧，一边是切片的，一边是整块上的，让人慢慢嚼着欣赏。叉烧一定是半肥瘦？怎么看出是半肥瘦？容易，夹肥的烧出来才会发焦，有红有黑的就是半肥瘦。

数十年的电影工作，让我尝尽各种饭盒，电影的黄金时代只要卖埠（卖版权的意思），就有足够的制作费加上利润。后来盗版猖狂，越南、柬埔寨、非洲各国的市场消失，当中国香港的电影只能靠内地市场时，我就不干了。

人，要学会鞠躬，走下舞台。人可以去发展自己培养的兴趣，世界很大，还有各类表演的地方。

但我还是怀念吃饭盒的日子。家里的菜很不错，有时还会到九龙城的烧腊铺，斩几片乳猪和肥叉烧，淋上卤汁，加大量的白切鸡配的葱蓉，再来一个咸蛋！

这一餐，又感动，又好吃，饭盒万岁！

一桌斋菜

最近有缘认识了一群佛家师父，带他们到各斋铺吃过，满意的甚少，有机会的话，想亲自下厨，为他们做一桌素食。

"你懂得吃罢了，会做吗？"友人怀疑。

我一向认为，欣赏食物，会吃不会做，只能了解一半。真正懂得吃的人，一定要体验厨师的辛勤和心机，才能领略到吃的精髓。

"是的，我会烧菜，做得不好而已。"我说。

"你写食评的专栏名叫《未能食素》，这证明你对斋菜没有研究，普通菜色你也许会做几手，烧起斋来，你应付得了？"友人又问。

《未能食素》是题来表现我六根不清净的，欲念太多罢了，并不代表我只对荤菜有兴趣。不过老实说，自己吃的话，素菜和荤菜给我选择，还是选后者。贪心嘛，想多吃一点花样。

斋就斋吧！我要做的并非全部是自己想出来的，多数是以前吃过的，留下了深刻印象，当今重温而已。

第一道小菜在"功德林"尝过，是现在该店已不做的"炸粟米须"。向小贩讨些他们丢掉的粟米须，用猛火一炸，加芝麻和白糖而成。就那么简单，粟米须炸后变黑，看不出也吃不出这是什么东西，但味道很新奇、可口。将它演变，加入北京菜的炸双冬做法，将冬笋、珍珠花菜及核桃炸得干干脆脆，上面再铺上粟米须，相信这道菜可以骗得过人。

接着是冷盘，用又圆又大的草菇。灼熟，上下左右不要，切成长方片；再把新界芥蓝的梗也灼熟，同样切为长方，铺在碎冰上面，吃时点着带甜的壶底酱油，刺身吃法，这道斋菜至少很特别。

做多一道凉菜，买大量的羊角豆，洋人称之为"淑女的手指"。剥开皮，只取其种子。另外熬一大锅草菇汁来煨它，让羊角豆种子吸饱汤汁，摊冻了上桌，用小匙羹一羹细嚼，羊角豆种子在嘴中咬破，波的一声流出甜汁，没尝过的人会感到稀奇吧。

接着是汤，单用一种食材——萝卜。把萝卜切成大块，清水炖之，炖至稀烂不见为止。将萝卜刨成细丝，再炖过。这次不能炖太久，保持原型，留一点咀嚼的口感，上桌时撒上夜香花。

事先熬一锅牛肝菌当上汤，就可以用来炆和炒其他材料了。

买一颗大白菜，只取其心，用上汤熬至软熟，用意大利小型的苦白菜做底，生剥之，铺成一个莲花状，再把炆好的白菜装进去，上面刨一些帕玛森芝士碎上桌。

芝士，茹素者是允许吃的，买最好的水牛芝士，切片，就那么煎，煎至发焦。这也是一道既简单又好吃的菜。

油也可起变化，弃无味之粟米油，用首榨橄榄油、葡萄核油、向日葵油或腌制过黑松菌的油来炒蔬菜，更有一番滋味。

以食材取胜，用又甜又脆的芥蓝头、带苦又香的日本菜花、甚有咬头的全木耳、吸汁吸味的荷叶梗清炒，靠油的味道取胜。

苦瓜炒苦瓜，是将一半已经灼熟和一半完全生的苦瓜一起炒豆豉，食感完全不同。

把豆腐渣用油爆香，本来已是一道完美的菜，再加鲜奶炒。学大良师傅的手法炮制，将豆腐渣渗在牛奶里面炒，变化更大。

这时舌头已觉寡，做道刺激性的菜佐之。学习北京的芥末墩做法，把津白用上汤灼熟，只取其头部，拌以酱料。第一堆用黄色的英国芥末，第二堆用绿色的日本山葵，第三堆是韩国的辣椒酱，混好酱后摆回原型。三个白菜头有三种颜色，悦目可口。

轮到炖了，自制又香又浓的豆浆。做豆浆没有什么秘诀，水要兑得少，豆要下得多，就是那么简单。在做好的浓豆浆中加上新鲜的腐皮，炖至凝固，中间再放几粒绿色的银杏点缀一下，淋上四川麻辣酱。

已经可以上米饭了，用松子来炒饭太普通，不如把意大利面煮得八成熟，买一罐磨碎的黑松菌罐头，舀几匙进去油拌，下点海盐，即成。接下来是意大利白松菌长成的季节，买几粒大的削成薄片铺在上面，最豪华、奢侈。

最后是甜品。

潮州锅烧芋头非用猪油才香，芋头虽然是素的，但加猪油已违反了原则，真正斋菜连酒也不可以加，莫说动物油了。

只能花心机，把大菜膏溶解后，放在一锅热水上备用，这样才不会凝固。云南有种可以吃的茉莉花，非常漂亮，用滚水灼一灼，摊冻备用。

这时，用一个尖玻璃杯，把加入桂花糖的大菜膏倒一点在杯底，花蒂朝上，花朵朝下，先放进一朵花，等大菜膏凝固，在第二层放进三朵，以此类推，最后一层是数十朵花，把杯子倒转放入碟中上桌，美得舍不得吃。

上述几道菜，有什么名堂？我想不出。最好什么名都不要。我最怕太过花巧的菜名，有的运用七字诗去形容，更糟透了。最恐怖的还是什么斋乳猪之类的名称。心中吃肉，还算什么斋呢？

蔡澜越南粉

全世界的"刘伶"喝到最后，一定喜欢单麦芽威士忌；天下食客则会不约而同地爱上一碗越南牛肉河，这是公认的。

为什么？越南河粉的汤，要是煮得好的话，喝上一口就上瘾！汤清澈但味道浓厚，又有不同的层次。第一口什么都不加，第二口撒些香料，像罗勒、薄荷叶和鹅蒂下去，浸一浸，又有完全不同的味道。再加豆芽、鱼露或柠檬汁，更变化无穷，真令人食之不厌，味道不能忘怀。

我年轻时背包旅行，就喜欢越南牛肉河的味道。一爱上，就不断地追求、搜索，去了越南本土、法国、美国和任何有越南河粉专门店的都市。比较之下，到了最后，终于在澳大利亚墨尔本的"勇记"找到了我认为最完美的一碗。

我一直想把"勇记"引进中国香港，让大家能尝到我说的是什么，但机缘未到，中间谈了无数次，还是不行。

以我的经验，开餐厅是一件非常缠身的事，每一个环节都要注意到，一旦开始，就脱不了身。这不符合我爱云游四方的本性，自己是开不了的。

经过了几十年，我终于在旅行团中认识了一对年轻夫妇，叫王力加和李品熹。我们先是谈得来，后觉理念一致，追求完美的细节也一样。他们很有开餐厅的知识，自己旗下已有两百多家餐厅。我到他们拥有两层楼高、几百名员工的公司参观一下，发现他们聘请的都是管理人才，组织力是不容置疑的。

一天，在日本旅行中，他们向我说有开越南牛肉河的意图。我问他们为什么，原来他们在研究之下，知道时下的饮食趋向，是健康路线，而最符合健康的，当然是越南河粉了。

从此我们到各国的越南牛肉河名餐厅走了一趟，大家一致认为"勇记"最好。我和"勇记"有数十年的交情，得到他们的信任，再加上重金，把他们请了过来。先在深圳建立一个约四百平方米的实验厨房，牛肉、牛骨一锅锅近百公斤熬汤。我试一口，不行，全部倒掉，也不知倒了多少锅，看得大家心痛，但做出来的试了，还是不行。为什么？原来为了节省，用同样的比例熬出小锅汤，这当然不行了，也当然都倒掉了。

究竟不是什么高科技，我们的实验到最后成功了。接下来是粉，一般专门店是用干粉，这是我们绝对不能接受的。从制面厂进的货，也就都差那么一点点。到最后决定设计一台制粉机，从磨米浆到蒸熟切条，都在客人面前做出来，你可以说没有别家好吃，但不能说我们的粉不新鲜。

设计好的机器，放在租金最贵的中环店里，以占的面积来算，一个月就要花三万港元，还不算可以腾出来摆两张餐桌的收入。不过，"勇记"老板看到时，也说这一点比他们好。

店里的各个细节都请专人来做，室内设计由著名的日本空间设计师长坂常（Jo Nagasaka）主理，到了晚上一打开外墙，就是广大的大排档式的经营，这一点不得不佩服他们。其他的一切以简约取胜，不用花花绿绿的传统越南式，制服、餐具、灯光，连播放什么音乐，完全是专业人士指导，一点也不苟且。王力加、李品熹和我都说："这样才对得起自己，对得起自己才能对得起客人。"

在食物方面，除了越南河粉当主角之外，我们还有越南法棍、香茅烤猪颈肉、红油酸辣汤檬或干檬，我们的春卷也与众不同，另有黄金虾扒、越式羔粉卷、香芒鱼米纸卷、金柚沙律和虾酱炒通心菜等等，个个都是明星。

甜点把泰国的三色冰改为多色冰，椰汁极香浓，当然有越南咖啡、话梅青柠苏打和各种饮料及酒水。在雪糕方面，我们的没有"泰地道"好吃，我从他们店里引进了榴莲雪糕、椰汁雪糕和很有特色的泰国红茶雪糕。自己做的，有拿手的青柠香芋冰，请各位一试。

铺在桌面的餐纸，请苏美璐画了一张我烫熟越南河粉的画，这次我穿了绿色衣服，以示环保。另一张是她画的各种吃越南河粉加的香料的画和名称，大家在等位时可以研究研究，才不觉得闷。

至于打包，我们也请专家设计了一个纸盒，里面有两格大小碗上下叠，固定了食物不会流出来，我最不喜欢倒泻得一塌糊涂的外卖。附近的食客可以直接倒汤在盒中，远一点的，我们用一个史丹利（Stanley）保热壶。这是保热壶中的"劳斯莱斯"，免费借各位用，当然要收订金，用完了给我们退回，这一点请原谅。

一定还有很多可以改善的地方，请大家给我们提出宝贵的意见，我们慢慢地改。这一间是旗舰店，一切的设计已有定案，下一家做起来就能照抄了。其他的，慢慢来，完善了才开。

开业那天，热闹得很，各位友好都来捧场，在请柬上已说明为了环保恳辞花篮，但来宾们还是照送，我只好照收，心中嘀咕，花儿会凋谢，折现多好！

求精

地球上那么多国家，有那么多的食物，算也算不完。大致上，我们只可将其分为两大类，即东方的和西方的，也等于是吃米饭的和吃面包的。

"你喜欢哪一种？中餐或西餐？"

这个问题已不是问题，你在哪里出生，吃惯了什么，就喜欢什么，没得争拗，也不需要争拗。

就算中餐千变万化，三百六十五日，天天有不同的菜肴，而你是非常爱吃中餐的西方人，连续吃五顿之后，总想锯块牛排，吃片面包。同样，我们在法国旅行，尽管生蚝那么鲜美，黑松菌鹅肝酱那么珍贵，吃了几天之后总会想："有一碗白饭多好！"

我们不能以自己的口味来贬低别人的饮食文化，只要不是在太过穷困的地方，都能找到美食。而怎么去发掘与享受这些异国的特色，才是一个国际人的基础。拼命找本国食物的人，以及不习惯任何其他味觉的人，都是一些可怜的人。他们不适合旅行，只能在自己的国土终老。

做人有能力改变生涯，但无法决定自己的出生。我很庆幸长于东方，也许在一些方面比不上欧美，但是对于味觉，自感比西方人丰富得多。

当然，我不会因为中国人以前吃尽熊掌或猴脑而感到骄傲，但在最基本的饮食文化上，东方的确比西方高出许多。

举一个例子，我们所谓的三菜一汤，就没有吃个沙拉、切块牛排那么单调。

法国也有十几道菜的大餐，但总是吃完一样再吃下一样，不像东方人把不同的菜肴摆在眼前，任选喜恶那么自由自在。圆桌的进食，也比在长桌上只能和左右及对面人交谈来得融洽。

说到海鲜，我们祖先发明的清蒸，是最能保持原汁原味的烹调。西方人只懂得烧、煮、煎、炸，很少看他们蒸出鱼虾蟹来。

至于肉类和蔬菜，生炒这个方法在近年来才被西方发现。"Stir-fried"（用旺火炒）这个字眼从前没见过，我们的铁锅，广东人称之为"镬"，他们的字典中没有这个器具，后来才以洋音"wok"按上去的，根本还谈不到研究南方人的"镬气"，北方人的"火候"。

炖，西方人说成"双煮"（double boiled），鲜为用之。所以，他们的汤很少是清澈的。

拥有这些技巧之后，有时看西方的烹调节目，未免不同意他们的煮法，像煎一块鱼，还要用支汤匙慢慢翻转，未上桌已经不热。又凡遇到海鲜，一定要挤大量的柠檬汁去腥等等，就看不惯了。

但东方人自以为饮食文化悠久和高深，就不接触西方食材，眼光也太过狭窄。最普通的奶酪芝士，不能接受就不去接受，这是多么大的一种损失！学会了吃芝士，你就会打开另一个味觉的世界，享之不尽。喜欢他们的鱼子酱、面包和红酒，这又是另外的世界。

看不起西方饮食的人，是短视的。这也和他们不旅行有关，他们没吃过人家好的东西，怎知人家多么会享受？

据调查，在中国香港的食肆之中，倒闭最快的是西餐店，这跟人们接触得少有极大的关系。以为这些店只会锯牛排，只会烟熏鲑鱼，只会烤羊鞍，来来去去，都是做这些给客人吃的，当然要倒闭了。

很多人的毛病出在只学会，而不求精。一代又一代的饮食文化流传了下来，但从没有什么大的突破。在几次政治运动期间，来了一个断层，后来又因广东菜卖贵货而普及，本身的基础已开始动摇。

在模仿西餐时，我们又只得一个外形，没有神髓。远的不说，邻近越南煮的河粉，汤底是多么的重要！有一家人也卖河粉，问我意见，我试了一下觉得不行，建议他们向墨尔本的"勇记"学习，但他们怎么也听不进去。虽然这家人的收入还不错，但如果能学到"勇记"的一半，就能以河粉一味著名，更上一层楼了。

我对日本人的坏处多方抨击，但对他们在饮食上精益求精的精神倒是十分赞同。像一碗拉面，三四十年前只是酱油加味精的汤底，到现在百花齐放，影响到外国的行业。他们也是从中国的汤面开始研究出来的。

西方和东方的烹调，结合起来一点问题也没有，错在两方面的基本功都打得不好，又不研究和采纳人家成功的经验，结果不管怎么搞都是四不像，"fusion"（融合）变成"confusion"（混淆）了。

一般的茶餐厅，也是做得最美味的那家生意最好。要开一家最好的，在食材上也非得不惜工本不可。中国香港的日本料理，连最基本的日本米也不肯用，只以"樱城"牌的美国米代替，高级也高级不来。白饭一碗，成本多少，怎么不去想一想？

掌握了蒸、炖、煮、炒的技巧，加入西方人熟悉的食材，在外国开餐厅绝对行，就算炒一两种小菜给友人吃，也是乐事。别以为我们的虾生猛，地中海里头都黑掉的虾比我们游水的虾美味得多，用青瓜、冬菜和粉丝来半煎煮，一定好吃。欧洲人吃牛排，也会用许多酱料来烧烤，再加上牛骨髓，更是精细。我们用韩国的腌制牛肉方法生炒，再以蒜蓉爆香骨髓，西方人也会欣赏。做生意大家都会，成功的关键在于"求精"二字。

放假

学生和朝九晚五的白领，有一个共同点，那就是大家都最讨厌星期一。放假多好！玩个够，但是那可恶的星期一，把我们拉进痛苦的深渊。

我也经历过长期上班的日子，那种对假期的渴望是多么地强烈，令我决定一定要做一个不受固定时间束缚的人！我一直往这个方向努力，终于成功。

当今，我的每一天都是星期天，我就不觉得放假有什么珍贵了。虽然不必上班，也不算退休，但我们搞创作的，没有"退休”这两个字，总会找些事来做。我现在的日子，忙过我上班的时候，一直觉得时间不够用。

我们的放假，就是我们死去的时候。写作人是不会停笔的，问题在于有没有人要求他们来写。近年来，我在专栏版上看到许多老朋友的文字，他们闲来总会动动笔。很少有人能够像倪匡兄一样，说停就停。他说写了几十年稿，晚上做梦时，会出现一大堆格子，追着他讨命。他可以不写，因为他的兴趣诸多，每天有不同的事做，上上网已足够他忙的了。

我想向他学习，但是做不来，我不是外星人。而且，我的书不断地出版，也有各个出版社要求我去做发表新书的宣传，会有几百个读者围上来，要我在书上签名。我每签一本，就看到花花绿绿的钞票，那是多么过瘾的事。

主要是我越老越爱钱财，因为我越老越会花钱，没有满足的一天。算命先生说过，我花钱的本领比我赚钱的本领厉害。别人骂过：“你这是劳碌命。”我听了笑嘻嘻，不劳碌多无聊呢！

拜赐冯康侯老师的教导，我学会了写几个字。当今一有空，我就不断地学写字。近年来，我对草书产生浓厚的兴趣，每天不拿起笔来练，也多读草书的名帖。草书这种千变万化的造型，比抽象画还要好看。

又在各种机缘下，我在北京荣宝斋开了一个书法展，而且书法销售得不错，现在香港荣宝斋又邀请我去办一场。这也好，让我有多一点时间写多几幅。最近常做的是一些游戏的文字，也用草书写了忆老友，内容是黄霑兄的歌词"沧海一声笑"。另外用行书写"塞拉利昂下"和"问我"，地下又铺满一张张的宣纸，都是自己觉得不满意的。家政助理每天将这些纸拾起来丢掉，不知道我这个疯子为何那么不环保。

在买卖方面，我还是不停地研发新的产品。"抱抱蛋卷"就是在传统蛋卷里面加了葱蒜的味道，吃过的人都说好。另外，和上海的管家兄合作，推出"管家的面"，他是一个面条达人，生面一吨一吨地拍卖，也被抢光。我叫他做干面，他说要研究研究，这一研究就是三年，我从来没有催促过他。

当今产品做了出来，面条只要放进滚水中煮两分钟，在碗中放我做的猪油，捞出后拌一拌，再淋上我认为最好的"老恒和"酱油，这是一个天衣无缝的配合，大受欢迎。

但为什么在香港买不到？这是我薄利多销的宗旨，一切用最好的材料，成本一定很高，"老恒和"酱油一小瓶已要卖到三百元。虽然我们用的是小包，但价钱也不便宜，所以我们也只有用邮购的方式才有一点点的利润。如果在超市上架的话，对方至少要抽三成。我不想卖得太贵，也只有用邮购这个方式出售，而食品类是不寄到香港的。

目前，正在开发的有英式甜点黄油酥饼（shortbread），试了又试，扔了又扔。做这个产品的是一位我在微博上认识的网友波子小姐，她差点给我弄得疯掉。

每一样产品都赚一点点，我常说，有的赚好过没的赚，不亏本的话，已是乐事。

太多的念头，很少的时间，我根本没有办法停下来，老天还是对我很好的，让我在冰上摔了一跤。小腿有两根骨头，粗的没事，细的那根裂了，至少要三个月才能恢复，在医院中休息了一阵子，终于可以实行我的另一个愿望，那就是写一个长篇。

虽然当今在家静养，但是也静不下来，我想我要去一个不受干扰的地方，才能完成。有什么好过去日本，一面浸温泉一面写呢？

每逢农历新年，一群和我到处旅行的朋友，一定要我举办新年团。农历新年有些人在正月要陪家人，有些要过了正月才有空，所以通常我会办两个团。这次决定去新潟，这个一直被大雪封闭的乡下，我很喜欢。别人回去后，我留在那里住得久一点，可以给自己放一个长假。

但是什么叫假期？还不是每天做些事？我这一生，和假期无缘。

为"狗民"服务

我们在日本大阪下榻的旅馆叫丽嘉皇家酒店（Rihga Royal），相等于东京的帝国酒店，刚过了七十岁生日。

日本天皇来到大阪，也住这一家，可见等级最高。

设备和服务是一流的，日本客人找不到破绽，唯一抱怨的，是不能带心爱的狗进来。

这次来到，咦？旁边什么时候又开了一家旅馆，仔细一看招牌，写着"Dog Hotel Guardians"（保护者狗酒店）。

我好奇地走进去一看，大堂是家商店，卖各种给狗用的商品，后面才是酒店房。

女主人笑嘻嘻来迎："先生，您的狗是哪一品种？"

我摇头："没带狗。"

这个女人才二十几岁，有点幽默感："先生，您不会自己来住吧？"

旁的人一听到对方说自己是一只狗，一定大为生气。我知道她没恶意，不在乎。

"多少钱一晚？"我问。

"入住是上午十一点开始，退房一般是第二天的中午十二点，但是为了客人方便，也可延迟到晚上八点。至于房间费用，我们分三种房：一只狗住是八千四百日元，两只狗住的话是一万二千六百日元，豪华房是一万四千七百和二万一千日元。套房的话，不管一只狗还是两只狗，都只收二万九千四百日元，里面有液晶电视和 DVD 机。"她一口气回答。

合港元两千多一晚，一般人都舍不得住吧？

看到我的表情，她狡黠地说："也有短钟的，套房一小时只收四千二百日元。"

"房间包括什么？"

"包括狗床、厕纸、便器、被单、矿泉水、玩具，饲料另计，也可照主人吩咐喂客人吃药。"

"怎么算法？"

"那要看你的狗的进食习惯，一天喂多少次，要不要点心和消夜等等。我们有二十四小时专人服务。不过房间一定要先预订，我们这里生意不错，你得先把信用卡号告诉我们，订了不来住的话，我们照收全费。"

"有没有健身房之类的设备？"我带点讽刺地问。

她倒回答得正经："当然。这是不可以缺少的，我们有专人为狗减肥，不过得另外收费。"

"长期住有没有折扣？"

"折扣是没有的。"她斩钉截铁地说，"不过住上一个月的话，可以赠送洗澡、理发和按摩，但是只限两次，超过了另外加钱。"

"把狗放在你们这里，主人放心吗？"

"放一百个心好了。"她说。

"有什么保证？"

"有。"她自豪地说，"我们这里有二十四小时的录像机对着客人，你在外面随时可以打电话来，就会看到客人舒服的样子，但是又得另收费用。"

"怎么都要钱？"

"不单收费，我们还有条件，那就是把狗送进来之前，主人一定要为他们的宠物杀虫消毒，不然会传染给其他客人，还要提供狂犬病免疫证明。"

"你怎么知道人家事前杀虫消毒？"

"我们会做全身检查，一经发现，就不接客。"

"玩呢？你们也带客人到迪士尼乐园？"

她没有把问题当成开玩笑，严肃地说："迪士尼乐园是不准许狗进去的。不过，我们可以带客人到私家海滩去游泳，主人也能跟着去。但是又要另外收费，客人收一千日元，主人折半，收五百日元。"

"那么多狗住你们的酒店，万一打起架来呢？"

"打架受伤，属于意外，我们的酒店一概不负责任，主人带客入住时已签好合同。如果担心意外，可以先买保险，另外收费。"

我回过头去看架上的商品，从狗衣服到粮食，应有尽有，其中有携带狗用的狗笼，为名牌 LV（路易威登）设计，每个狗笼卖到两三万港元。

我最感兴趣的是狗香水，明星波姬·小丝（Brooke Shields）做代言人。

"啊，你的眼光不错，这种产品一喷，任何味道都会消除！"她说完从架子上拿下了香水，要往我身上喷，我即刻摇头摆手拒绝。

"怎么这条狗领带那么贵？"我问。

"那是最尖端科技产品。"她解释，"领子里面藏有发射器，主人可以用人造卫星定位，找到客人所在，绝对不会发生失踪的案子。您还有什么要问的吗？"

履历书

申请澳门籍，官方要我一个履历。至今幸运，我从未求职，不曾写过一份履历书。当今撰稿，酬劳低微，与付出之脑力、精力不成正比，既得书之，唯有借助本栏，略赚稿费，帮补帮补。

蔡澜，一九四一年八月十八日出生于新加坡。父副职是电影发行及宣传，正职为诗人、书法家，九十岁时在生日那天逝世。母为小学校长，已退休，每日吃燕窝、喝 XO 干邑，九十几岁了，皮肤比儿女们白皙。

姐蔡亮，为新加坡最大学府之一南洋女中的校长，其夫亦为中学校长，皆退休；兄蔡丹，追随父业，数年前逝世；弟蔡萱，为新加坡电视的高级监制，亦退休。只有蔡澜未退休。

妻张琼文，亦为电影监制，已退休，结婚数十年，相敬如宾。

蔡澜从小爱看电影，当年新加坡分为华校和英校，各不教对方语言。求懂得听电影对白，蔡澜上午念中文，下午读英文。

在父亲影响下，蔡澜看书甚多，中学时已尝试写影评及散文，曾记录各国的导演监制及演员表，洋洋数十册，数据甚为丰富。被聘请为报纸电影版副刊编辑，所赚稿费用于与同学上夜总会，夜夜笙歌。

十八岁留学日本，就读日本大学艺术学部电影科编导系，半工半读，得邵逸夫爵士厚爱，命令他当邵氏公司驻日本经理，购买日本片到中国香港放映。又以影评家身份，参加多届亚洲影展，为评审员。当年邵氏电影越拍越多，蔡澜当监制，用中国香港明星，在日本拍摄港产片。后被派去韩国、中国台湾等地当监制，其间背包旅行，流浪多国，增广学识。

邹文怀先生创办嘉禾后，蔡澜被调返中国香港，接他担任制片经理一职，参加多部电影的制作，一晃二十年。

邵氏电影减产后，蔡澜重投旧上司何冠昌先生，担任嘉禾电影制作部副总裁，其间与日本电影公司拍过多部合作片。成龙在海外拍的戏，多由蔡澜监制。成龙电影一拍一年，蔡澜长时间住过西班牙、南斯拉夫（2003年更名为塞尔维亚和黑山）、泰国和澳大利亚，一晃又是二十年。

发现电影为群体制作，少有突出个人的例子。又在商业与艺术间徘徊，令蔡澜逐渐感到无味，还是拿起笔杆子，在不费一分的纸上写稿，思想独立。

《东方日报》的龙门阵、《明报》的副刊上，皆有蔡澜的专栏。《壹周刊》创办后，蔡澜每周写两篇，一为杂文，一为食评。蔡澜也从第一天开始在《苹果日报》上写专栏至今。

写食评的原因是，老父来港，饮茶找不到座位，又遭侍者的无礼，发奋图强，专写有关食物的文章，渐与饮食界搭上关系。

蔡澜食评的影响力，从众多餐厅将其文章放大作为宣传，有目共睹。

报章和杂志的文章结集为书，多年下来，已有两百本以上，销路如何，可从出版商处取得数据。

十多年前与好友倪匡及黄霑制作电视清谈节目《今夜不设防》，收视率竟达百分之七十多。

后来又在电视上主持《最要紧是好玩》，得到好评，继而拍《蔡澜叹世界》的饮食及旅游节目，由此得到灵感，从影坛退出后办旅行团，以带喜欢美食和旅行的团友们到世界各地吃吃喝喝为生。

之前，蔡澜参加过香港电台的深夜广播节目，由何嘉丽训练其广东话，对后来的电视节目甚有帮助，所操粤语方被人听懂。

在香港电台每周一的《晨光第一线》中，蔡澜由各地打电话来做节目，被称为好玩总裁，多年来未曾中断。

在蔡澜任职嘉禾年代，何冠昌先生有友人开茶叶店，想创品牌茶种，请教蔡澜意见，他调配了玫瑰花、棋杞子和人参须，以除普洱茶的腐味。提供给订茶商，认为低级，不被接受。蔡澜因此自制售卖，命名"暴暴茶"，有暴食暴饮都不怕之意。商品进入日本，特别受欢迎，横滨中华街中，出现不少赝品，亦为事实。继而蔡澜出品了饭焦、咸鱼酱、金不换酱等产品。

日本方面，富士电视制作的《料理铁人》，邀请蔡澜当评审，多次国际厨师比赛都由他给分，所评意见不留余地，日本人称他为"辛口"，很辣的意思。

数年前，红磡、黄埔邀请蔡澜开一间美食坊，一共有十二家餐厅，得到食客支持，带旺附近，新开了三十多间菜馆。

闲时，蔡澜爱书法，学篆刻，得到名家冯康侯老师的指点，略有自己的风格。西洋画中，又曾经结识国际著名的丁雄泉先生，亦师亦友，教导使用颜色的道理，成为丁雄泉先生的徒子徒孙，爱画领带，以及在旅行皮箱上作画。

蔡澜交游甚广，最崇拜的是金庸先生，有幸成为他的好友之一。

数年前去澳门，有举办国际料理学院的计划，与日本的烹饪大学合作，虽未成功，却爱上澳门的悠闲生活，开始在当地置业。

澳门蔡澜美食城筹备多时，终于在二〇〇五年八月四日开幕。

以上所记，皆为一时回忆，毫无文件数据支持。学校文凭，因长久不曾使用，亦失踪迹，其中年份日期也算不清楚。蔡澜对所做过的事，负责就是。

重现避风塘旧梦

好像那已经是半个世纪以前的事。

一到夏天太阳下山，我总在怡东酒店顶楼喝几杯马天尼。欣赏灿烂的晚霞之后，有点醉意，乘电梯下楼，走过会议中心，门口侧边的建筑物中有一道铁门，很少人知道。门打开后，经些阶梯，就看到很多直通的水管，从透视角度来看，像斯坦利·库布里克（Stanley Kubrick）的《2001太空漫游》（2001 : A Space Odyssey）的机舱走廊，又似《007》电影中出现的秘密隧道。带友人走进去，他们都会感到新奇和兴奋。

本来，这刚好是太古公司开中午礼炮的地方。一群艇家女出现，把客人包围起来，要你租她们的小艇出海。

熟悉的一位名为大眼，名副其实，眼睛大大的。大眼只负责拉客的工作，至于要租什么艇，就由她分配，她知道我爱乘的是条叫"孖女"的船。常年的船只都是住人的，孖女一家四口在船上生活，到了晚上把客厅献出来。

客人坐好后，孖女的母亲就把小艇撑到避风塘中，船很宽阔，摆了一张方桌，可坐八个客人。有个小马达发电，我们一上船，他们就把灯开了，表示这艘船已经出租。

喜欢"孖女"，是因为看着这对孪生女孩的母亲一面招呼我们，一面督促女儿的学业。小女孩们戴着很厚的近视眼镜，低头做功课。

凉风吹来，远处可以看到另一艘小艇。一看，船上卖的是各种饮品，很受欢迎的是蜜桃红葡萄酒（Mateus Rose），俗名为"码头老鼠"，冷冻了很容易入喉。当然，名厂白兰地不乏，当年是喝白兰地的年代，友人相聚，第一件事就是把一瓶 XO 摆在桌子中间。

夏天产荔枝和龙眼，一买数斤，请船家用冰冻起来后，就把船撑开了。

小菜和粥面，由一艘叫"兴记"的艇供应，白灼粉肠、蚝油韭菜花的味道记忆犹新，也少不了叫一碗最地道的艇仔粥和烧鹅濑粉。

大菜则是"喜记"和"汉记"著名的炒避风塘螃蟹了。香味一阵阵传来，要到炒好了才靠得近这两家人的船，否则会被蒜头和指天椒熏出眼泪来。

一曲江南小调，原来发自一艘唱歌的艇上。靠近了，问客人要听什么就唱什么。那时流行一首叫《美丽星期天》（Beautiful Sunday）的歌，客人要求，小艇上的姑娘也懂得，唱出来的是一首像粤曲般的英文歌。那个"Day"字，拉得长长的，还有点鼻音。

水果已冰凉，送上来大嚼一番。

在一片欢乐中，我们度过无数的晚上，还记得有人在艇上大打通宵麻将呢。多少远方客人陶醉在此夜曲之中。

避风塘这种艇家的传统，来自广州珠江畔的花艇。后来，内地人来到香港后不能回去了，就把这个旧梦在铜锣湾重现，在油麻地也做了同样的生意。当年还有些艇家，竹篷外站着水上姑娘，接了客就把布帘挂下来。他们也不赶时间，在摇摇晃晃中进入温柔乡。

先是油麻地的避风塘消失，数年后，铜锣湾的避风塘也因污染问题而被禁。多少远客为了不能重游而唏嘘。

我们到了夏天，更是寂寞。

一直怀念避风塘的轻舟荡漾和尝过的美食。当今，夏天珠江畔的花艇就停泊在现在的"白天鹅酒店"旁边，我为此努力不懈，要求该酒店重现当年风光，它一定能成为一个旅游重点。可惜，我的这个主意却因为环境保护问题而被拒绝了。

怀念情绪日渐强烈，有时梦中看到独立艇家"妹记"的那位少女，她由瘦小的学生成长，摇船摇至丰满的发育，见她结婚、生小孩，至今在于何方？

上苍对我是仁慈的，想到的事很多能够实现。停在香港仔海上的巨轮"珍宝"当今由何猷龙接管，花了几千万港元重新装修，三楼保存旧时龙宫式的餐饮胜地，二楼改为高级食府，四楼还有一家西餐厅要开，整个计划是庞大的。

我有幸参加，建议把香港仔的海湾重现当年的避风塘情怀，得到何先生的同意。他和政府多番商讨，做出不污染海面的方案，终于得到政府许可和支持。现在避风塘又重见天日，或许说，"重见天夜"了。

当年"喜记"的老板廖喜有远见，早在湾仔登陆，开海鲜店，生意滔滔，许多娱乐界名人喜欢光顾。廖老板当今也被内地"谭鱼头"集团请去成都大展拳脚，本来分身无术，但与我私交甚笃，和他一商量，即刻助我一马，前来新避风塘炒蟹，保证各位客官吃到当年风味。

"珍宝"集团已联络了十数艘小艇，随时让客人出海。重现当年的饮品已可做到，但是唱江南小调的，都已改行。我会去粤曲爱好者协会邀请大家来帮忙。

这数十年来向人一提重现避风塘，就会被对方耻笑做白日梦，当今已有了曙光。起初并不完善，但相信假以时日，也许会做得比从前更热闹，让大家夜夜笙歌。

眼望远方傻想，原来这是一件极值得推崇的事。

跳肚皮舞的巴士小姐

我们的旅行团，在日本用的巴士都是最好的，司机驾驶全无事故记录，虽费用高昂，但很值得。

这种巴士都包了一名导游小姐，从上车到回酒店，讲解不停，又要依照客人要求唱歌，并非易事。

我们比较熟的有两名年轻的导游。我们到东京，她们就调到东京；我们去大阪，她们也来客串。大家混得很熟，沟通起来方便。这次去，发现不见其中一名，她刚结婚，但也要出来做事呀。

"是不是有了孩子？"我问另一个。

"不，不，她已离了婚。"

"那么快？不到六个月呀！"

"发现不对，越早越好。这是我们这一代人的看法。"她回答得干脆。

"怎么不回来？"

"她当肚皮舞娘去了。"

"肚皮舞？"我诧异。记忆中的她，没有魔鬼身材，面貌再过一百年，也称不上一个美字。

"是呀！我也在学，这是当今日本最流行的了。"她说。

看看她，与另一个的看法相同，怎么可能又去跳肚皮舞？

"在什么地方表演？"我问。

"青山。你有兴趣，今晚送完客人，带你去？"

在一座商业大厦的地下室，传出剧烈的中东音乐，走进去，挤满客人，舞台上有六七个肚皮舞娘摆动着腰，衣着单薄，但并不十分暴露，肚皮和大腿尽在眼前。有个长发的左右挥动，非常诱人。咦？那不是我们的巴士导游小姐吗？

她从台上望到我，向我挤挤眼，用手做了个等等的姿势，继续跳舞。我和女伴在酒吧前找个位子坐下，她也随着音乐在摇动身体，和平时看到的她不同。

音乐从快到慢，又由慢到快。舞娘们一个个支撑不住，走下台来，只剩下巴士小姐，越跳越猛，客人不断地拍掌喝彩鼓励。她用下半身向观众挑逗，颤抖得厉害。

忽然，灯光全暗，一切停止。

重开灯时，看到巴士小姐用毛巾擦着汗，向我走来。

"你怎能跳得那么久？"我劈头就问。

"你以为当巴士小姐那么容易吗？"她说，"做你们的工作，我虽然不必讲解，但是从出发到收工，你有没有看过我坐下来过？单是靠这种脚力，我已比其他舞娘强。"

"为什么要离婚？"

"结了婚后，丈夫的态度发生百分之百转变，对我呼呼喝喝。我问他为什么，他说看到他爸爸对他妈妈也是那个样子的。他不懂其他办法对我，被我大骂后，他哭了。这时，我已认定他是一个永远长不大的孩子。我要嫁的是一个男人，不是孩子。"

"你从小就喜欢肚皮舞这门艺术？"

"不，有个晚上我来到这里，看到我的一个邻居在这里跳。她不过是一个普通的家庭主妇，她能，我想我也可以。"

"那么容易吗，肚皮舞？"

"按照印度舞的传统，当然很难，我们跳的是自由式，跟着音乐自由发挥。"

"客人会认为你不正统吧？"

"正统和不正统，很难有界限，一切要自然，要美。肚皮舞有很多种，人家以为来源是印度，其实是中东，从伊朗、伊拉克等地方开始，后来又有了吉卜赛人的方式，都是东抄西抄，没有多少专业知识的人哪能看得出什么叫正统。"

"最难学的是什么动作？"

"摆腰最容易，豪放就行，够体力就是。摇动胸部最难。普通的女人都不知道怎么去动它，要把胸部一个向左转，一个向右转，可得学好多年才会。"

"也得要有点身材呀！"我说。

巴士小姐笑了："开始，也有很多人跟我说，你根本不是跳肚皮舞的料子，你太瘦了。没有的事，我就用下半身来补足。只要我摇得比其他人剧烈，观众就会服我。我当然不会自命清高，如果你说肚皮舞是纯粹为了艺术而发明，那是骗你的。"

"为什么肚皮舞现在在日本那么流行？"

"主要的原因是女人解放了。女人可以通过跳肚皮舞来表现自己，不必在办公室里替男同事倒茶。这个机会我们日本女人等了很久才等到，我终于能够脱下制服，让男人知道我可以多么犀利。"

我完全同意她的见解："如果有中国香港的女人要来学肚皮舞，有什么门路？"

她拿出一张纸写了"MISHAAL"的名字。另一个是

"MIHO"，还有一个叫"AKIKO"。

"发个电邮去查问好了。"巴士小姐说，"她们都乐于教导，学费不是很贵，肯学的女人会发现她们有力量把人生改变。"

音乐又响，她给我一个飞吻，又上台表演去了。我祝福她。

媒体与社交

微博推销术

我的微博粉丝是我近些年一直回答他们的问题一个个争取来的。

当然，不能所有的问题都理睬，而且中间有些莫名其妙或污言秽语的，就被我召集的一百名"护法"挡住。一般只能透过一个叫"蔡澜知己会"的网站进入，我私人的不开放。

偶尔，我清闲了，就打开大门，让问题像洪水般涌了进来，但只限几个小时。

农历新年之前，我的助理杨翱来电话："蔡先生，如果你在这期间又开放，一定会给'蔡澜花花世界'网店带来不少生意，你就勉为其难吧。"

好，我做事向来尽力，包括宣传我的产品，开放就开放，从农历新年前三个星期开始，一直开放到除夕。这一来，一夜之间就有两三千条问题杀到。

问题答的越来越多，越答越热，像乒乓球来来去去，就可以趁机推销产品照片，让大家看得流口水，订单就来了。这次农历新年，做了不少买卖。问答中也有些很好玩，举出几条让大家笑笑。

问："蔡爷爷，怎么样可以做到煲汤时不放肉却又有肉的香味？"

答："放手指。"

问："请问吃什么会有助于身高的增长？"

答："吃长颈鹿。"

问："吃什么可以吃不胖？"

答："啃自己的骨头。"

问："有没有办法可以练酒量的？"

答："先变酒鬼。"

问："长得太胖怎么办？"

答："当猪剀。"

问："怎么入门古玩鉴定？"

答："先上当。"

问："最近有个鱼类学家说你对鲑鱼根本不懂，都是道听途说。"

答："尊重别人不同的声音，但还是把他列入黑名单实在。"

问:"你看,我这张猫照片,喜欢吗?"

答:"喵。"

问:"为什么每次只回一个字?"

答:"问题太多,生命太短。"

问:"如何比较中餐和日本料理?"

答:"我是中国人。"

问:"如何保持每日愉快的心情?"

答:"大吃大喝。"

问:"遇到不开心的事,除了吃,还可以做什么?"

答:"还是吃。"

问:"人生的意义呢?"

答:"吃吃喝喝。"

问:"找工作很困难,有什么办法?"

答:"麦当劳。"

问:"没有什么经验,怎么求职?"

答:"麦当劳。"

问:"很讨厌现在的工作,怎么办?"

答:"麦当劳。"

问:"为什么每次都答麦当劳呢?"

答:"麦当劳是最容易找的工作,只要不嫌低微,肯干就是。"

问："年轻人，对前途迷惘，又没有方向，怎么办？"

答："我父亲的教导，孝顺前辈，爱护比你小的，守时，守诺言，努力工作，把每一件事都做到最好为止。这些像船上的锚，一个个抛下海，自然稳定，自然有方向，自然不会迷惘。"

问："我还年轻，可以浪费时间吗？"

答："我年轻时就出道，一桌人吃饭，我一定最小。当时，我已想到，总有一天，我一坐下，一定最老。现在想起，像是昨天的事。我真的是最老的了。"

问："依你看二○一七年房价是涨是跌？"

答："我知道的话，就去做地产商。"

问："如果有一天醒来，发现自己变成玛丽莲·梦露，第一句话会问谁，问什么？"

答："问肯尼迪，是不是你叫人杀我？"

问："金庸留下几本书，黄霑留下几首曲，倪匡留下几部卫斯理，你留下什么？"

答："几篇杂文。"

问："你吃狗肉吗？"

答："什么？你叫我吃史努比？"

网红人

随着科技日新月异，好玩的事越来越多。近来伙拍倪匡兄，两人做一个叫《一五五会客室》的直播节目，第一集有一百六十九万人看，第二集有一百四十万人看，已有三百零九万人看过。

直播其实就是"真实秀"，主持人在真实时间内与广大的观众一起度过。很多年前金·凯瑞（Jim Carrey）已经有一部电影《楚门的世界》讲这件事了。

对于出现在这些节目中的人，内地有个名字叫"网红"，很多年轻女子开着手机直播。倪匡和我算是最老的，节目名中的"一五五"，是我们两个人加起来的岁数，自嘲好过被别人笑话。

任何人都可以当网红人，问题是有没有人看，怎么叫人知道有自己的存在。

当今有无数的直播网站，我选了新浪的"一直播"，因为我在新浪的微博默默耕耘，从二〇〇九年十二月十三日开始，回答诸位网友的问题，通过这群网友发放消息，才会有人观看。

两人七老八十，做这些直播节目干什么，求名求利？人家说："你看，观众的打赏实在厉害，播放时间内不断把金币一个个投了过来。不只金币，还有钻石，哇，你们两人，已经有十四万三千颗钻石了，不得了，不得了！你们赚老了！"

是不得了，那么老了，又不露胸，也有十几万颗钻石。但是，这一切都是虚数，几十万个金币也换不了几百块人民币，新浪还要抽佣金，更是所剩无几。也很可怜那些整天在镜头前等待人家打赏的女孩子，不如去麦当劳打份工吧，一定赚得更多。到了第二次做节目，遇到有人问得好，与其别人送金币，不如我送几个字给观众，至少可以卖几个钱。

为名吗？这个岁数，不必要吧？

但到底干什么？不是完全无利可图的，要等到人家看见成绩，就会花钱来让你为他们宣传，但在他们看不到你有实力之前，一个子也不给。

我一向鼓励年轻人：别问收获，先耕耘！看来，实在有代沟，我们比他们年轻。

微博推出了"一直播"这个 App（应用程序），由面痴友人卢健生推荐，我一听就知道可行。伙拍倪匡兄，观众还以为我们会做像《今夜不设防》一样的内容，那是几十年前的事了，我们也不会重复，而且当今请美女嘉宾，她们会很轻易答应，但她们的经纪人难缠，我们没那么多功夫周旋，还是只有我们两老比较轻松。

做节目之前，我找到倪匡爱喝的蓝带白兰地，他说现在卖的酒简直是难于下喉，我们喝的是数十年前的旧酒，而且要半瓶装的。

有酒了，就要有下酒菜，直播现场不能煮食，我只有买倪匡兄喜欢的鸭肾和开罐墨西哥鲍鱼。有酒有菜，话就多了。

认真的，倪匡兄的急智高我十万八千里，面对众多网友提出来的问题，他回答得又准又精。

问："遇到了八婆怎么办？"

答："一笑置之好了，你跟她认真，你不就成了八公了吗？哪有这么笨的人？"

问："你的男女关系写得很成功，是因为你很有经验吗？"

答："我写强盗也很成功，难道我是强盗吗？"

问："钱重要吗？"

答："钱不是万能的，可是没有钱是万万不能，等到生病，你住高级病房还是普通病房，就知道钱的好处了。"

节目中还有很多精彩的对答，如果各位有兴趣，点击"一直播"，马上就可以看到回放，真是方便得不得了。

节目已经做了两集了，第三集我要出国，一早已经答应了一群好友带他们去马来西亚吃榴莲，不能改期。一想，有了，就去马来西亚直播好了。

只要有部手机，就行了，抵达之后买一张 4G 的卡，随时可以连上 Wi-Fi（无线网络），一按掣，就能直播我吃什么榴莲。虽然大家只能看到，但是马来西亚很近，机票又便宜，随时可以跟着我的足迹去吃好了。

我也会介绍网友经营的燕窝，她开发的是"屋燕"，非常环保，又干净，所以可以大力推荐，另外有衣服、土产等也能一一介绍。

最让大家喜欢的是我准备了马来西亚的各种美食，忘不了河鱼、大头虾、大螃蟹，应有尽有。当然，最精彩的是榴莲，除了"猫山王"之外，还有"黑刺"，那是冠军品种。

当然，我更会在节目中推荐我自己的新产品"冷泡罗汉果茶"，热冲固然好喝，但是冷泡有意想不到的效果。罗汉果是新鲜真空抽干的，与从前烟熏有股怪味的不同，清热去火。一瓶没有味的蒸馏水，如果加了一袋罗汉果茶包，味道即刻丰富，一下子喝完，带甜，又没有糖的坏处。有好东西，我还是想和大家分享的。

玩播客

疫情期间，不能让日子一天天白白浪费，还是要找点事来做，很多玩意儿都实行了，新的是什么呢？

想了又想，又和许多朋友谈过，最后决定玩播客。

英语"Podcast"的这个词由"iPod"（便携式数字多媒体播放器）和"broadcast"（广播）组合，中文被勉强地译成"播客"。许多人早在十几二十年前玩过，这不是什么新主意。

最初一部 iPod 就行，当今没什么人用 iPod 了，都是 iPhone 和 iPad 的世界，总之架上了它，能看到自己，就可以向外广播。

已有无数人在玩，为什么有人会看你的？这是一个最大的问题。

如果怀着一开始就有大把人看，这个玩意儿就失败了，内容当然最重要，言之有物，就有人欣赏，慢慢来好了。反正这是一个被锁在家里的年代，尽量把内容做好再说吧，其他想太多也没有用。

听其他人的"播客"，一开始便自言自语，得到的第一个印象，是此君蓬头垢面，灯光又平淡，太不严谨。

我妈几十岁时，起身洗脸之后还略施脂粉才走出卧房，这一点我要学习。

在家中已如此，还说要出来"见客"呢。见群众当然要打扮打扮才行，并不是爱美，而是对别人的一点尊重。

既然要做，就要好好地做，这是父亲教我的，所以我不想在家里对着镜头就做，而是要找个地方来实行。刚好生意上的拍档刘绚强有个很大的办公室，可以空出来让我乱玩，这再好不过了。

刘绚强本身是做印刷的，他在内地有最精美的印刷厂，更结合了一群艺术家做展览。这群人对灯光最有研究，请好友们来替我装修一下门面，才见得人。

至于内容，当然是想到什么讲什么，一受限制了总是做不好，秉持只谈风月、不谈政治的原则，任何题材都可大谈一番。

单单是我一个人可能太过单调，刘绚强一家人参加我的旅行团已有数十年，我也看着他两个女儿从小长大，都将她们当成亲人了。

他的两个女儿从拍拖到生小孩，我可以和她们谈一些生活上的点滴。大女儿爱喝酒和吃美食，小女儿爱做甜品和面包，反正地方够大，可弄一个厨房和烘焙室，我们一面谈天一面做节目，较不枯燥。

用的是什么语言呢？内地市场的话是当然说普通话，但是这个直播我还要面向香港观众，说粤语较为亲切。

我做了一番研究，至今香港人看得最多的是 YouTube，节目可以在这上面播放。我也可以再选一个平台，这还要进一步地商讨才能决定。

我可以组织一支队伍，给节目打上字幕，让听不懂广东话的人也可以看。

至于节目叫什么名字，我现在还想不出，我从前做的节目都是金庸先生替我题字，也许我会模仿他的书法写上节目名。

十多年前，卢健生介绍给我"微博"这个平台。我开始用心地玩，回答网友的问题，组织一百二十个字的微小说竞赛等等。粉丝一个个争取，至今已有一千万个粉丝，都是靠我发了十一万条微博争取来的。如果我用同样的努力，"播客"也能收获一些观众吧。

即使是微博，也都是以文字来沟通，文字是我的强项，虽然我做过《今夜不设防》和许多旅游节目，但现身说法总不如文字的交往。这次又是我来和大家见面，我还是要从头学习的。

从前做节目时，如果喝多几杯酒，胆子就大了。当今酒已少喝，酒量也大不如前，不能靠它来壮胆了，硬着头皮上吧。

身体状态好的话，我会比较有把握，但人一疲倦，就不想多说话了。做这个节目，我还是有点战战兢兢的。不过，我也不去想那么多了，要是不开始，只是用口讲而不实行，时间又浪费了。

要先得到大家谅解的是我的记忆力大不如前，有时会讲错话，有时时间和地点都会搞乱。总之，我尽力而为。